石仏の里に佇む静寂の寺

浄瑠璃寺の365日

浄瑠璃寺 住職
佐伯功勝

西日本出版社

まえがき

浄瑠璃寺はお薬師さまをご本尊に始まった寺である。そして、現在は九体の阿弥陀さまをご本尊とする寺である。

浄瑠璃寺は奈良・大和路の寺である。そして、京都・南山城の寺でもある。

浄瑠璃寺は南都仏教の別所の寺である。そして、地域の檀家寺でもある。また、老若男女の訪れる信仰と観光の寺でもある。

浄瑠璃寺は顕教《けんぎょう》（奈良仏教）の寺である。そして、密教（真言）の寺でもある。

浄瑠璃寺は中世（平安時代）に創建された寺である。そして、各時代の変遷を幾重にも積み重ねてきた寺でもある。

長い歴史を持つ多くの寺院がそうであるように、この寺も様々な顔（面）を持ちながら現在に至っている。

今回執筆の話をお受けした後、これらの多くの要素を抱えながら今に至るこの寺の〝何を伝えるべきか〟〝何が伝えられるか〟〝何を受けとめていただけるか〟いくつもの想いを交錯させながら筆を進めた気がする。とりあえず先例として以前より親交のあった興福寺・辻明俊氏の著書があったが、少し躊躇したのも事実である。しかし、明俊氏をはじめお声がけいただいた諸氏とのご縁と、〝３６５日〟という着眼点に対する想いが優り、右往左往しながらではあったが、何とか形にしていただけたことに安堵している。

通常の案内書や解説書では伝えきれないこの寺の、〝少し外れたところ〟〝少し深いところ〟を発見していただければと思う。そして、このシリーズが増殖し、多くの寺院の少しだけ隠れた魅力が世の中に滲《にじ》み出ていくことを願っている。

目次

まえがき　2
浄瑠璃寺伽藍（境内図）　12
浄瑠璃寺の湧水　16
大きな柿の木　19
参拝の栞　23
落ち葉が池に沈む頃　26
神仏習合　30
小さな山門　32
一年で一番賑やかな時間　36
ボンネットバス　38
当尾〜塔が尾根に並ぶ里〜　41
塔の独り言　44
ここは京都なんです　48
沈没船　52
祖父の死　55
慶派の大日さま　57
そしてこの寺へ　68
南山城という立ち位置　70
山里のおもてなし　72
手間暇がかかるもの　74
見ているようで　76
雪の日の朝　78
過去と未来を繋ぐもの　80
境内一巡（其の壱）　82

境内一巡（其の弐） 86
境内一巡（其の参） 89
江戸の熱量 92
袋中上人 96
灯りに導かれて 98
香を食す 106
花は小さな仏さま 108
隣近所のお寺さん 112
話せばわかる 115
花は頭上に足元に 117
石の仏に包まれて 120
供養の姿（亡き人を送る〜前編〜） 124
供養の姿（亡き人を送る〜後編〜） 126
供養の姿（現世を離れて） 129
癒される風景と光景 132

千の仏、無限の祈り 135
亀のクロちゃん 140
あしび（馬酔木）の憂鬱 143
先人からの伝承、後進への伝言 145
神仏の前で 148
新参者 152
「諸説あります」 154
人の縁・仏の縁 160
クロちゃん後日談 164
あとがき 166
浄瑠璃寺花ごよみ 168
浄瑠璃寺略年表 176

本堂（九体阿弥陀堂） 藤原時代

当時京都を中心に競って建立された九体阿弥陀仏を祀るための横長の堂で、現存する唯一のもの。太陽の沈む西方浄土へ迎えてくれる阿弥陀仏を西に向かって拝めるように東向きに配し、前に浄土の池をおき、対岸から文字通り彼岸に来迎仏を拝ませる形にしたもの。一体一体の如来が堂前に板扉を持っている。

三重塔（国宝）　藤原時代

平安時代の治承2（1178）年、京都一条大宮から移されてきたもの。初層内には扉の釈迦八相、壁面の十六羅漢図など、装飾文様と共に壁面で埋められているが剥落が著（いちじる）しい。元は仏舎利を納めていたとされる。現在は東方本尊の薬師如来坐像を安置している。

浄瑠璃寺伽藍（境内図）

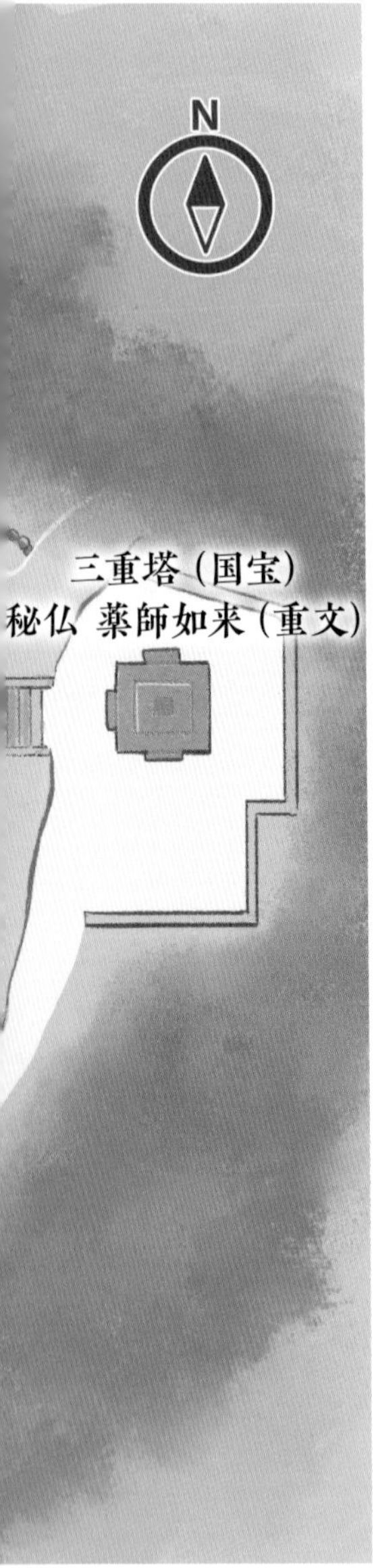

浄瑠璃寺の伽藍は、苑池を中央にして東に薬師如来を祀る三重塔が、西には九体の阿弥陀如来を安置する本堂が配されている。太陽の昇る東方にある浄土（浄瑠璃浄土）の教主が薬師如来、その太陽がすすみ沈んでいく西方にある浄土（極楽浄土）の教主が阿弥陀如来である。
十二世紀末頃に極楽浄土を現世に表現した浄土庭園が現出し、江戸時代に苑池の周囲を廻る現在の形へと改変された。

浄瑠璃寺
京都府木津川市加茂町西小
電話：0774(76)2390

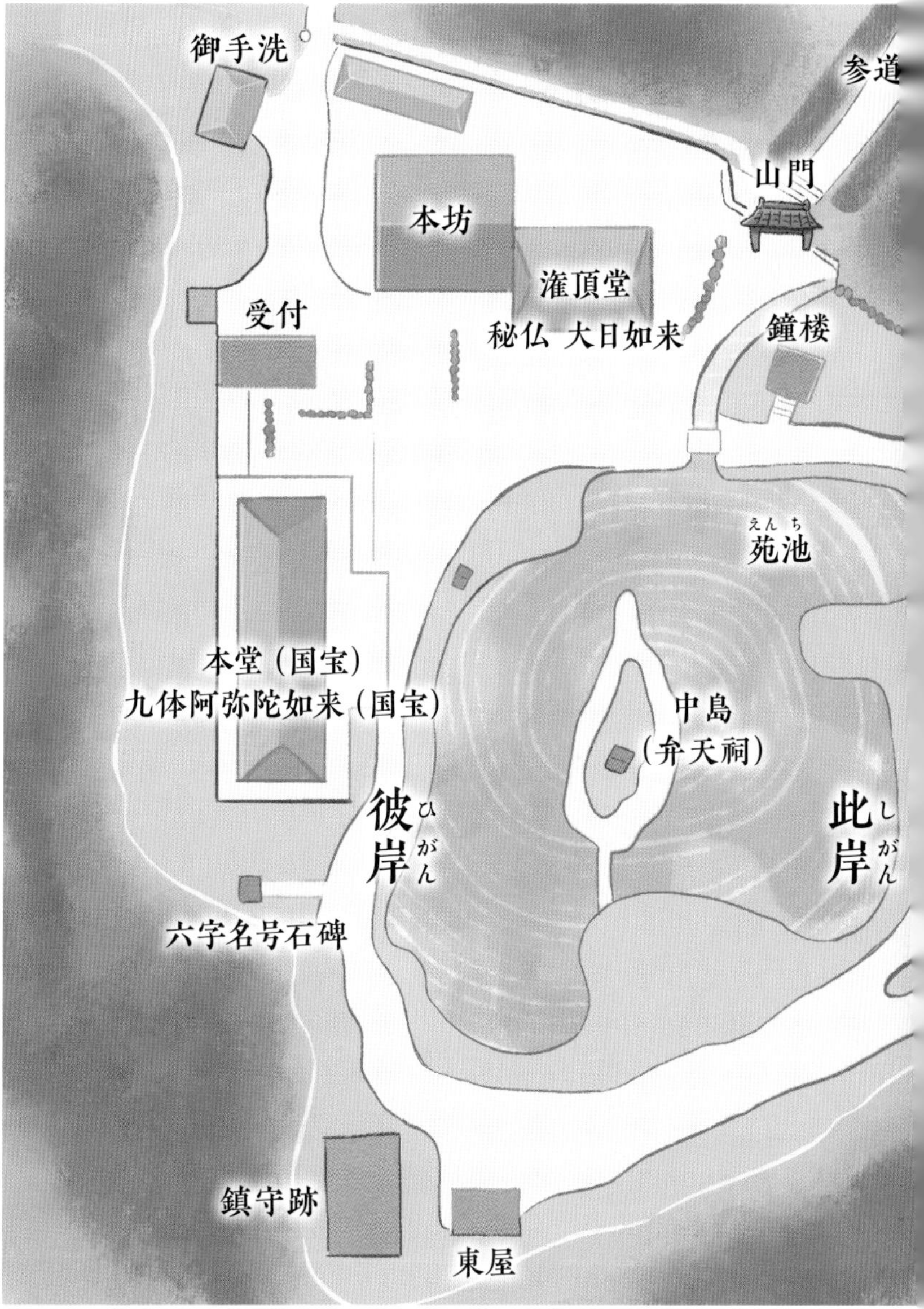
御手洗
参道
山門
本坊
潅頂堂
秘仏 大日如来
受付
鐘楼
苑池《えんち》
本堂（国宝）
九体阿弥陀如来（国宝）
中島
（弁天祠）
彼岸《ひがん》
此岸《しがん》
六字名号石碑
鎮守跡
東屋

石仏の里に佇む静寂の寺

浄瑠璃寺の365日

浄瑠璃寺の湧水

実際に来られたことのある方はもちろん、境内図を見ていただくだけでも浄瑠璃寺の庭園のほとんどは池であることがわかる。

この池は本堂前に位置し、平安後期に各地で盛んに造営された浄土庭園で表現される、阿弥陀如来を教主とする極楽浄土の宝池《ほうち》とされている。外周は約二百メートルあり庭園に占める割合はかなり大きい。別項でも少し触れているが、地元の小・中学生が地域を知る学習で来られた際には、この池のことについてもできるだけ伝えるようにしている。

庭園において重要な位置と意味を持つこの池の水は、他から流れ込んでくるのではなく、湧水であることが以前からいわれてきた。しかし、それがはっきりと確認されたのは、昭和五十一（一九七六）年に数百年ぶりに庭園の大規模な整備で、池の水を抜いたときである。私はまだ中学生だったが、池底に岩盤が数ヵ所ありその割れ目か

ら水が溢れ出ていたのを朧気《おぼろげ》に覚えている。その後、平成二十二（二〇一〇）年から数年かけ再整備を行ったが、その際は水を僅かに残した状態で進められたため、昭和のときほどはっきりとは確認できなかった。ところが、泥に覆われた池底に数ヵ所砂地の部分があり、その辺りだけ周辺より水が澄んでいたので、湧水の箇所をそれなりに確認できた。

しかし、これだけ大きな池を潤し続ける湧水のあるこの庭園の南側と西側は、小高い山を越えるといずれも深い谷となっている。いわば山の中腹で、かなりの量の水が湧き続けているのだ。平成の整備の中で、付近の地形や断層等を調査していただいた際、この湧水はおそらく奈良の春日・奥山方面から続く水脈を経て来るのではないかと推測されていた。

いうまでもなく、水は命の源である。この寺を建立するにあたり、この湧水の池を発見し、更に伽藍の中心にと考えた当時の方々の着眼と想像力に驚き、感心するばかりである。

こういった点を踏まえ、地元の小・中学生には、次回誰かと来た際には、この池が寺を建てるために造られたものではなく、元々あった自然の一部を上手く利用していることを伝えてほしいとお願いしている。

自然の営みと人間の営みが共存していること、それが長い年月続いているのだということを。

大きな柿の木

浄瑠璃寺の境内には、大きな柿の木がかつて七本あったらしい。そして今もそれを確認するために来られる方がいる。その木は「豊岡柿《とよおかかき》」と呼ばれる品種で、昭和三十年代頃まではこの辺りの名産品でもあった。そもそもこの辺りは現在「木津川市」という行政区に含まれるが、その前は「加茂町」、更にその前は「当尾村《とおのむら》」と呼ばれていた。そのため、「豊岡柿」は「当尾柿《とおのかき》」とも呼ばれ、この地域ではほとんどの家の庭先や畑に植えられており、かなりの古木も少なからず存在する。

冒頭に記した七本の柿とは、作家の堀辰雄氏が記したエッセイ『大和路・信濃路』の中の、「浄瑠璃寺の春」という章に出てきており、それを読まれた方が訪ねて来られるのである。

その場面は次のように記されている。

（前略……）、妻はその娘と共に堂の外に出て陽当たりのいい縁さきで、裏庭の方かなんぞを眺めながら、こんな会話をしあっている。「ずいぶん大きな柿の木ね」、妻の声がする。「ほんまにええ柿の木やろ」、少女の返事はいかにも得意そうだ。「何本あるのかしら、一本、二本、三本……」、「みんなで七本だす。七本だすが、沢山なりまっせ。[※1]九体寺《くたいじ》の柿やいうてな、それを目当てに、人はんが大ぜいハイキングに来やはります。あてが一人でもいであげるのだすがなあ、その時のせわしい事やったら、おまへんなあ」（以下省略）。

これは昭和十八（一九四三）年の春、堀夫妻が当寺を訪れた際の、多恵子夫人と寺の留守番をしていた娘とのやりとりの一部である。

この作品はかなりの長期間、高校の国語の教科書（主に東日本のようで、関西辺りではあまり聞くことがない）に掲載されていたため、読まれた方の絶対数は多く、それゆえに今でも一定数の方の記憶に残っているようである。しかもその記憶は、大抵「娘さん」とセットである。

柿の木は、これだろうと思われるものが五本あるが、残りの二本は今ひとつ定か

ではない。また、「娘さん」であった親戚のおばさんは、残念ながら平成三十（二〇一八）年の暮れに九十五歳で亡くなられている。また平成二十八（二〇一六）年に、八十五歳で亡くなった先代住職から聞いた話だが、幼少の頃からかなりの巨木で、その後の八十年近くの間で、大きくなった印象はなかったそうだ。

私も子供の頃には木に登り、先を割った長い竹竿で枝を挟み折り実をとっていた。しかし、この豊岡柿は少し曲者《くせもの》（?）で、一本の木に甘柿と渋柿の両方がなるため、ある程度経験を積まないと食べてみるまでどちらかわからない。更にこれは柿の木全般にいえるのだが、枝が折れ易く、柿

とりの名人といわれた方でも落下されたことが少なからずあったようだ。
　このように、戦後の食糧難の時代には引く手数多《あまた》だった豊岡柿も徐々に需要が減り、放置されたり伐採されることが多くなった。しかし、一世を風靡し、堀氏の文章により多くの人の記憶に残ったこの柿の木のことは後世にも伝えておきたいと思う。

※1　九体寺とは　浄瑠璃寺の別称

参拝の栞《しおり》

多くの社寺では参拝、拝観に来られる方に向けて、由来書や案内・説明の栞を作り配布されているが、当寺においても残されている最も古いものは、昭和八（一九三三）年に制作されたものである。ちなみに、今でいう拝観料に準ずるものを初めて設定したのは、昭和六（一九三一）年頃とされているので、その頃より何か寺のことを伝えるものが用意されたと思われる。

残っているものでいえば、古いものはB5判程度のワラ半紙の片面に、簡単な文章が刷られているとても簡素なものである。その後、徐々に内容量が増え、私が物心ついた昭和三十年代の後半には、二つ折り四ページで白黒写真も何点か織り交ぜたものとなった。丁度私の祖父が住職をしていた頃である。更に私の師匠であり、父でもある先代が住職になってから、その量・内容は増え続け、数年後には最大三十二ページの冊子の形態となり、『小田原説法』と称し、それを本堂を参拝する全ての方に配布していた。内訳でいえば、寺の解説が約十ページ、仏教の話が約二十ページほどで、この比率が〝説法〟と称した所以《ゆえん》だと思われる。これは先代住職の参拝される方々への話にも通じていて、寺の由来や祀られている仏像のことに留まらず、その背景、基本となる仏教全般に及び、文字通り仏法を説くものであった。しかし、昭和四十年代後半に起こったオイルショックによる紙不足のため、冊子の形態を断念し、参拝の方々に配布する〝栞〟と、布教のための〝説法誌〟に分割されることとなった。分割後の参拝の栞は、二つ折りA4判四ページから始まり、数年後に四つ折りA5判八ページへと形を変え、全ページカラーへと進化（？）していった。いくつかの変遷はあったが、先代住職が多くの社寺と比べても、参拝の栞の量、内容の充実に力を注いだのは、その企画・印刷・発行に関わっていただいた、出版社の担当者（後に社長になられる）T氏からの提案でもあった。先代とT氏は歳も同じで、様々な面で意気投合し、栞や絵葉書の制作に留まらず寺の行事や布教活動などにも広く関わっていただいた。しかし平成二十年頃、T氏が亡くなられ、その後はともに仕事をされていたO氏に印刷物の企画、発行の面をお世話になるようになり現在に至っている。先代も平成二十八（二〇一六）年に遷化《せんげ》し、私の代となってからも基本的な形態は踏襲しているが、多

少の改定を行い、今はＡ５判十二ページに加え、表紙の装丁を加えた形とし、本堂を参拝される方々に配布している。形態、内容ともに、できるだけ多くの方々に、読んでみようと思っていただけるものを目指したつもりである。ご覧いただいた方からのご意見、ご感想をいただければ幸いである。

落ち葉が池に沈む頃

浄瑠璃寺の境内は、バス停より約百メートル程の参道を経て、北向きの小さな門（これが正門である）をくぐると、まず正面に大きな池があり、池の向こう側（南方）と左右（東方と西方）の三方を山林で囲まれた地形となっている。また、参道の両側には民家、茶店、田畑が点在している。この参道にも境内にも、更に周辺の里山にもそれぞれ四季折々の表情がある。

まず、最も華やかなのはやはり春先で、参道の両側では梅、桜、木蓮等が共演するかのごとく花を付け、更に浄瑠璃寺の花として知られる馬酔木《あしび》が、脇役のように少し控えめな花を咲かせている。境内に入ると参道のような華やかさはないが、馬酔木をはじめ、藪椿《やぶつばき》、山ツツジなどの少し落ち着いた色合いの花が点在している。かの堀辰雄氏が、この寺を来訪した目的も馬酔木の花に会うためだったと自身で述べられている。ただ参道の花は、馬酔木を除き盛りはそう長くはなく、ひとときの華やかさでも

本堂前の石鉢（永仁4（1296）年）

ある。

その後、春から初夏にかけ、木々の若葉が出揃うと、池の周囲に生えている楓も瑞々しい青葉となる。近年、紅葉の名所とされている所では、この時期の〝青もみじ〟も注目されるようになり、当寺でもそれを目的に来られる方も増えたようだ。境内に一番生命を感じる頃でもある。また天明七（一七八七）年に描かれた、当時の観光ガイドブックでもある『拾遺都名所図会《しゅういみやこめいしょずえ》』の作者が訪れたのもこの頃のようで、画中の注釈にはカキツバタやホトトギスについての文言が添えられている。カキツバタは庭園整備のためかなり株数が減ったが、ホトトギスは甲高《かんだか》い鳴き声で、今も初夏の到来を知らせてくれる。更に夏も盛りになると、百日紅《さるすべり》、芙蓉《ふよう》といった赤系の花が、強い日差しの中、独特の存在感を見せてくれる。本堂周囲に最も花が多いときでもある。秋になると青もみじが徐々に黄色くなり、やがて境内全体を朱色に染めていく。当寺が参拝の方で一番賑わうのもこの頃である。このような通常の目線に入る花だけでなく、春から秋にかけては道端にも様々な草花が入れ替わり、咲き続ける。参拝の方々に花に関わる話をする際には、こういった足元に咲く花にも目を向けてほしい、とよくお願いしている。花に限らず、目立つものや一番多いものを見て納得してしまうのでなく、頭上や足元、全方位を意識する広い視野が何ごとに対しても大事だと。

そして、私が一年で最も境内に独特の雰囲気を感じるのは、花がほとんど終わり、葉が落ち始める冬である。伽藍に漂う空気も、池を湛《たた》える水も徐々に澄んでいき、水面に浮いていた落ち葉が池底に沈む頃、境内全体が凛とした気配に包まれる。自然の中に佇む寺の存在を、静かに深く感じ取れるのはこの頃だと思う。

神仏習合

別項でも少し記したが、江戸時代の後期に発刊された『拾遺都名所図会』では、当寺の境内の南西隅辺りに〝春日〟〝白山〟両神社の祠《ほこら》が、名前入りではっきりと描かれている。また、『浄瑠璃寺流記《じょうるりじるき》』という古記録にも、文治四（一一八八）年に春日大明神を勧請し祀ったと記されているので、寺の鎮守社として、かなり早い時期より存在していたと推察できる。しかし、今は祠はなくなり、敷地跡に礎石がいくつか残っているだけである。

同じように寺の境内に、春日、白山の両神社を祀る例は、この辺りではかつては多く見られたようである。例えば、近辺にある岩船寺《がんせんじ》や円成寺《えんじょうじ》といった古刹にも、今は廃寺となった隣の地区の随願寺の境内跡にも、両神社の祠が現存し今も信仰の対象となっている。しかし、お世話をされる体制や形は、四社寺四様で近年の歴史の波の大きさを感じさせる。

その要因となった、いわゆる明治政府の発した神仏分離令は、それまでの日本の信仰のあり方に大きな歪《ひずみ》を生み、それは今現在にも続いている。

一方を否定し、一方を礼賛することの不条理、危険性を見ることができる例だと思われる。昨今の社会の風潮の中にも、そのような傾向や兆候を感じる人は決して少なくないと思われる。お釈迦さまは誕生して間もなく、「天上天下唯我独尊《てんじょうてんげゆいがどくそん》」という言葉を発せられた。これは〝この世で「私」というものほど尊い存在は他にはない〟といった、いわば基本的人権の宣言であり、それは全ての命に通ずるというメッセージだと私は捉えている。お互いが尊重し合い、わかり合おうとする努力、それを続ける限り争いは起こらない。そう考えると、今はその努力がなされていない場面が多くあり、それが争いに結びついている。神と仏、人と人、国と国、いかなる関係においてもその心構えがとても重要に思われる。

小さな山門

昭和十八（一九四三）年の春。浄瑠璃寺を訪れた堀辰雄氏は、『浄瑠璃寺の春』でこう記している。

最初、僕たちはその何の構えもない小さな門を寺の門だとは気づかずに危うく其処を通りこしそうになった。

その言葉通り、浄瑠璃寺の門はとても小さい。境内はそこそこ広く（ほとんどを池が占めているが）、本堂も特殊な形（横に長い）ではあるが、決して小さくはない。にもかかわらず、私が知る限り多くの寺院の門に比べても小さな部類に入ると思う。しかし、古い記録には、楼門や奈良大門といった記述があり、今より大きな門が存在していたと考えられる。

位置関係でいえば、楼門はおそらく現在の門のある辺りか。参道の途中で、奈良大門は境内の南、もしくは南東側の奈良方面、東大寺の裏手に続く笠置や柳生に向かう街道に出る道筋にあったと思われる。寺の創建の頃からしばらくの間はこちらが奈良から寺に入る主な道筋だったはずだが、鎌倉期あたりから現在使われている西北側からの道筋にと変わっていったようだ。ただ、明治期から昭和期にかけてこの寺を訪れた多くの文学者や文人は、奈良大門があったと思われる南東側から来られたようなので、その時々で両方向ともに寺への道筋として使われてきたようだ。

話は元に戻るが、浄瑠璃寺の門が今のような小さな門になったのは、いつ頃からだろうか。江戸時代、天明七（一七八七）年に発刊された『拾遺都名所図会』には楼門ではないが、今の場所にそれなりのやや大きな門が描かれている。しかし、江戸末期か明治初期に描かれたと思われる境内図には、門そのものがない。ところが、両方の図には庫裡《くり》に入る部分の小さな門が描かれている。これは私の推測だが、この小さな門が今の門ではないだろうか。何らかの理由で山門がなくなり、この小さな門を移設したのではないかと思う。

冒頭に記した堀辰雄氏以外にも、水原秋桜子《みずはらしゅうおうし》という俳人が、

あしびより低き門なり浄瑠璃寺

という句を詠まれている。結果的にこの小さな門が多くの文学者や文人にとって、この寺の印象をより深く感じる一つの要因となっている。少なくとも、百年余り前より存在しているこの小さな山門が浄瑠璃寺の顔であり、俗の世界と仏の世界を分ける大きな存在となっている。体感された方もいると思うが、門の外と内では肌で感じる空気の質が変わると私は思っている。

一年で一番賑やかな時間

コロナ禍で絶対数がかなり減ったものの、浄瑠璃寺には毎年多くの方が参拝に来てくださる。時期により曜日により、来られる方の層は様々だ。ご本尊の阿弥陀さまのお参りに来られる方、秘仏の各尊の開扉日に合わせて来られる方、それに加えて季節の花や紅葉の頃に来られる方、旅行会社のバスツアー、修学旅行、家族、グループ、個人など統計を取ればある程度の傾向はあるのだろうが、様々な方が来てくださる。

季節でいえば、紅葉の見頃である晩秋に来られる方が一番多いと思われる。伝え聞いたところでは、江戸時代の頃より紅葉の名所の一つであったらしい。今でもそれは変わらず、紅葉の時期が近づくと、情報を発信する各機関団体より状況の問い合わせが多くある。

確かに年によって差はあるものの、池を中心とした庭園を彩っていく紅葉は、遠方から来られる方々にも納得してもらえるだろうと思う。また池の周囲を回遊できるので、場所や見方によって様々な色や表情を感じられる。そしてこれは、紅葉の時期に限らずどの時期に来ていただいても、感じていただけるはずだ。

このように、季節でいえば紅葉の頃が一年で一番賑やかなのだが、単純に時間密度でいえば毎年決まった日時がある。それは大晦日。十二月三十一日の深夜から、年号と日付が変わる元旦にかけての二時間程度の時間帯である。釣り鐘のある多くの寺と同様に、浄瑠璃寺でも除夜の鐘を突き、併行して年頭の法要として元旦法要を厳修する。普段あまり寺に来ることのない若い世代の人たちも足を運んでくれるこの短い時間帯が、この寺の一年で一番賑やかな時間だと思う。

ボンネットバス

個人的なことだが、私は幼い頃からバスやトラックのような大きな働く車が好きだった。その気持ちは大人になってからも残っていて、何かあったとき（?・）に大きなクルマに乗れるようにと、大学時代に大型自動車の免許を取ったほどだ。

昭和四十（一九六五）年、私が四歳の頃に寺の門前まで路線バスが入るようになった。しかし、今とは違い奈良からここまで来る道路の多くは、大型車どうしがすれ違えない幅だった。それは寺に近づくほど顕著だった。待避所は、ポツン、ポツンとしかなかったが、それは地元の有志の方がバスを誘致するため、買い上げた土地を提供したのだと後で聞いた。それから数年後の大阪万博の頃になると、『アンアン』『ノンノ』といった女性誌で旅の特集が流行り、この寺や岩船寺のある当尾の里にも急に観光客が訪れるようになった。

私は門前の道端の土手に座り、やってくるバスを見るのが好きだった。しかも道が狭いため、休日や春秋の観光シーズンは一日中渋滞していて、じっくり見ることができた。観光バスは今ほどではないが会社によって色や模様がいろいろあり、それはそれで見ていて楽しかったが、路線バスは一社だけなので、色・模様は基本的に同じだった。奈良駅からやってくる鹿の絵が描かれた、今思えば独特のツートンカラーだった。ただ、色・模様は同じでも大きな違いがあった。それは前部にエンジンがあるボンネットバスか、後部にエンジンがある箱型バスかの違いだった。ちょうどこの頃が、大型車の車型がボンネット型から箱型への転換期だったのである。自分が乗車する時も、ただ見ているだけの時も、次に来るのはどちらだろうと気にしていたように記憶している。

全くの好みでいえば、私はボンネットバスが好きだった。それまで大型車はこんな形だという固定観念もあっただろうが、全体にすっきりした箱型より、前部が出っ張ったボンネットバスに力強さを感じていた気がする。やがてボンネットバスは路線から姿を消し、箱型のバスばかりとなった。

しかしこの会社は、ボンネットバスを動態保存（動く状態で残しておく）されていたようで、数年前、地元の観光協会のツアーに駆り出され門前まで登ってきてくれた。

私はお客様に寺の話をした後、隙を見て駐車場に足を運び久しぶりに間近でその姿を拝見した。自分が大人になったせいか、その姿、雰囲気を〝可愛い〟と感じた。

思い返せばその頃は、門前だけでなく道中の集落内でも渋滞が発生していたようで、今でいうオーバーツーリズム（観光公害）状態で、そこに住む方には迷惑であったと思う。

ほどほどに来ていただければ良いのだろうが、このことに限らず何事においても、その〝ほどほど〟がとても難しい。ボンネットバスを思い出し、もっぱらそんなことを考えた。

当尾《とおの》 ～塔が尾根に並ぶ里～

当寺が在する行政区は、昭和二十年代半ばまで〝当尾村〟と呼ばれていた。それが町村合併により、加茂《かも》町となり、現在は木津川《きづがわ》市となっている。村は現在、行政区分上、地域の括《くく》りとして名前が残っているだけだが、その中でも大きな区分けがあり、北・中・南部、更にそれぞれに小さな区がいくつかある。

当寺は南部に属し、西小《にしお》・東小《ひがしお》・大門《だいもん》・岩船《いわふね》の四区がある。西小は西小田原の略で、当寺も創建の頃は西小田原寺と称していたようだ。隣接するのが東小・大門で、少し離れたところに岩船がある。その岩船にはあじさい寺として知られ、更に本尊は当寺のそれより百五十年以上古く、立派な阿弥陀さまを祀る「岩船寺《がんせんじ》」という古刹があり、境内には室町期の三重塔が建っている。そして今は廃寺の、東小にあった随願寺《ずいがんじ》にも、かつて多宝塔が建っていたという記録が残っていて、当寺を含む三カ寺それぞれが塔を有していたことになる。

塔は、元々インドでは「ストゥーパー」と呼ばれ、それに漢字を当て、「卒塔婆《そとうば》」となり、その類のものを広く塔と呼ぶようになったという。塔は本来、お釈迦さまの遺骨（舎利）を埋めた上に建てたものを起源とし、中国・朝鮮半島・日本へと伝わる間に、今日よく目にする建築物としての塔に変遷したそうだ。

何故ここで塔の話かというと、「当尾」は元々「塔尾」と表わされ、塔が尾根沿いに建ち並ぶ地域が語源とされている。前述のように、ごく狭い範囲に木造の塔が三基もあったことに加え、石造の十三重石塔や五輪塔などもこの地域の寺院や墓地には多く存在しており、塔が建ち並ぶという表現に違和感はさほどない。更に当尾地域より北方約五キロメートルにある海住山寺《かいじゅうせんじ》には、鎌倉期の端正な五重塔があり、その中間あたりの灯明寺にかつて存在し、今は横浜の三渓園に移築された室町期の三重塔を含めれば、この近辺は塔が密集していた地域といえる。

塔は亡き人（元々はお釈迦さま）の遺骨を祀る崇高な目的に加え、寺院においては象徴的な役割も担っている。かつては各地の諸大寺にも多くの塔があったが、今は塔跡となっているところも決して少なくはない。高層建築であるがゆえに、落雷による火災の可能性も高く、寺が残る確率より塔が残る確率は低いとも考えられる。今も残

岩船寺 三重塔（重文）室町時代

るこの寺と岩船寺の塔を見るだけでも、塔尾と名付けられたこの地域の往時の様を少し感じられる気がする。

塔の独り言

「私がこの地に来てから、そろそろ八百五十年が経とうとしている。それまでは、京の都の一角に佇み、洛中の雰囲気に浸っていたようだ。しかしまだ若かった（幼かった）せいか、その記憶は朧気《おぼろげ》でしかない。残っている記録によれば、私はかつて京の一条大宮にいて、治承二（一一七八）年にこの地に移り住んだそうだ。何故都に居た私が、十里以上も離れた山城の国の端まで来ることになったのだろう。以前、とある学者さんと先代の住職がこんな話をしていた。

私がここに来る前年、安元三(一一七七)年に都で大きな火事があった。「安元の大火」と呼ばれるその火事で、京の都は北域の三分の一ほどを消失し、大極殿をも焼いてやっと収まったという。この時焼け残った私を、この寺が引き取ることになったのではないかと。私が居た場所は一条大宮だったので、大極殿のすぐ近くになる。そういえば、目の前で大きな建物が焼け落ち、私が居た寺も被害があったような気がする。残された私は、縁あって多くの人の手によりこの地まで運ばれ、新たな寺の一員となった。落慶法要の導師をされた、「一印上人空心《いちいんじょうにんくうしん》」という方は、当寺の右大臣で、藤原一族の九条兼実氏と親交があったそうなので、そのご縁かもしれない。しかし、私の大火との遭遇はこれだけで終わらなかった。

この地に来てから二年後の治承四（一一八〇）年に、平清盛の弟である重衡《しげひら》が南都に攻め入り、目標であった興福寺だけでなく、東大寺までも焼いてしまった。いわゆる「南都焼討」である。そのため大仏殿も焼け落ちた。この地は京都（山城）の南端、東大寺の大仏殿までも一里ほどしかない。今でも毎年一月に行われる、奈良若草山の山焼きが始まる直前の花火が大きく見える距離だ。燃え上がる大仏殿の炎が空を赤く染める様子、焼け落ちる音、そして煙も確認できたように思う。私は大火をほんの数年の間に、二度も目の当たりにしたことになる。

しかしその後の長い期間、寺の盛衰は多少ありはしたが、今日までこの地で何とか無事に過ごせている。これも今まで支え続けてくれた、多くの人々のおかげだと思う。しかも私は、桧皮《ひわだ》という少々手間のかかる帽子をかぶっているので、二十～三十年に一度新しくする必要がある。単純計算をしても、ここに来てから三十回程度はその都度足場を組み、数ヶ月の時間をかけ手入れしてもらったことになる。この地に来たご縁と、そうした支えにより、私は今、京都府にある最も古い三重塔として残っている(五重塔では醍醐寺さんが更に古い)。

ただ、寄る年波での経年変化はあちこちに見られ、そう遠くない時期に根本的な手入れが必要ともいわれている。その時には、また多くの人のお世話になるのだろう……」

塔の傍らに立つと、そんな独り言が聞こえてきそうである。

ここは京都なんです

最近少し頻度は下がったが、奈良市の老人手帳（最近はナナマルカードと呼ぶらしい）を受付で提示された際の返答である。この手帳を提示すると、奈良市内の多くの寺院や施設で割引などの特典が受けられるらしい。隣接する奈良市在住の方ですらそう認識されているのだから、全国各地から来られる方がそう思っておられても不思議ではない。

しかし、これはある意味無理もないことである。例えば、門前までのバス路線が開通したのは、私が四歳だった昭和四十（一九六五）年だが、そのバスの起点は奈良駅（当時の国鉄）だった。それまでは都会（?）に出るために、寺の南側にある山と谷を越え、子どもの足で二十分程度も歩いた奈良市の中ノ川という地区にあるバス停から、バスで奈良駅に向かった。それが最も近くて速い、都会に出る方法だった。当然買い物に行くのも奈良市内か、そこから電車で向かった大阪市内だった。少なくとも幼少の頃は、京都市内に買い物に行った記憶はほとんどない。

そもそも寺の始まりからして、奈良（大和）との繋がりからである。寺の歴史の背景として、参拝の栞にも、多くの解説書や案内書にも記されているのは、古くからこの辺りを奈良仏教（南都仏教）の聖地として「小田原」と呼び、そこに生まれた庵《いおり》や修行・学問の場所が、徐々に寺院に変貌していったという経緯である。この小田原の範囲は定かではないが、現在地名として残っているのは、当寺のある地区の西小（西小田原の略）と、隣の地区である東小の二地区のみで、いずれも京都（山城）側に位置している。奈良（大和）側が含まれていたかは不明であるが、先に記した奈良側の中ノ川という地区にも、その隣の地区の鳴川《なるかわ》にも、また東小にも、中世の頃にはそれなりの規模の寺院があり、四地区の各寺院は法要の際などには往来があった記録が残っている。奈良側、京都側に関わらず、信仰や文化、生活の面で繋がりがあったと考えられる。

そして、当寺の本寺（本山）は、中世より明治初頭までは奈良の興福寺であり、それ以降も奈良の西大寺なのである。他にも奈良（大和）との繋がりを示す例には事欠かないが、それらの事項を客観的に考えれば、京都（山城）を連想する方が困難なのも当然といえば当然である。更に付け加えれば、「奈良・浄瑠璃寺で検索しても出てこなかった」という声もよく耳にする。

にもかかわらず、行政区の面でいえば、この辺りが奈良（大和）に組み込まれたことはないようである。創建の頃より「山城の国・浄瑠璃寺」であり、近年は山城の南部という位置づけから、南山城《みなみやましろ》と呼ばれることが多くなった。奈良のようで奈良に非《あら》ず。京都にあれど奈良のよう。この微妙で少し曖昧な、そして絶妙な立ち位置については、別頁に譲ろうと思う。

浄瑠璃寺参道

沈没船

境内の池の南端に、古い木造船が沈んでいる。「船」というよりは「舟」という字の方が似合いそうな小さな舟である。

沈めてから四十年以上は経っただろうか。今でもその理由を尋ねられることがある。この舟は昭和五十（一九七五）年頃まで池に浮かび、毎年それなりの期間、しっかりと働いてくれていた。

現在の境内の中心部、いわゆる浄土庭園を構成する範囲は、平安時代の造園当初に近い姿に整備されているが、前述の昭和五十年頃までは今とかなり趣の違う、極端にいえば夏の頃には亜熱帯のジャングルを思わせるような草木が茂っていた。池一面には睡蓮《すいれん》が蔓延《はびこ》り、中島や塔前の出島には大きな桧や松が何本も立ち並び、その隙間には雑木、雑草が生い茂っていた。更に中島に渡る橋はなかった。そのため、島に渡るには舟が必要だった。

しかし、それ以上にこの舟が活躍したのは、睡蓮の花期が終わる夏から秋にかけての時期だった。この睡蓮は明治期に入ってから植えられたとみられるが、繁殖力が強く、短期間で池を埋め尽くしたようだ。しかも、何もせず放置しておくと、花・葉・茎が沈殿し泥となり、池を埋めていく。それを少しでも防ぐため、茎の根元辺りから刈り取り、陸地に上げていくための舟が必要だったという。

実際、私も子供の頃から舟に乗り、その手伝いをしていた。結構な力仕事であったが、これが意外と楽しかった。カヌー等に乗られる方はご存知だと思うが、水面を間近にして水上を進むのはとても気持ちが良い。しかも池なので、波の心配はほぼない。また、陸側から見る水上と、水上から見る陸側の風景は驚くほど違い、この舟に乗ること、時には操ることはとても心地よかった。

しかし、昭和五十年より五十一年にかけて数百年ぶりであろう、庭園の大規模な発掘・復元・整備の事業により、睡蓮は全て取り去られ、池底に沈んでいた石橋が架けられたことにより、この舟は使命を終えることになった。更に、老朽化で若干浸水状態であったことから、そのまま水中に置かれることになった。私が知る限り二代目であったが、元々どこかの川下りの舟を譲っていただいたようなので、耐用年数も長く

なく、実際は何代目だったか、今は知る由もない。

水中に沈んでいるためか、今でも形を留めているこの舟を見るたび、睡蓮に埋め尽くされていた池の往時の風景が蘇ってくる。

祖父の死

私の祖父は、昭和十四（一九三九）年に住職としてこの寺に入り、四十三（一九六八）年に亡くなった。死因は心臓発作（今でいう心筋梗塞）で、その日の朝まではいつも通り過ごしていた。私はまだ七歳、小学校一年生だった。学校での授業中、先生よりその事実を知らされ、すぐ近くの保育所に通っていた妹と二人で約三キロの山道を歩いて帰ったと記憶している。

祖父は私が物心ついた頃から、心臓の病気のため時折入院していたように思う。庫《く》裡《り》の裏手にある離れの一室が祖父の部屋で、寺にいる時は、小さな文机で何かしているることが多かった。体格は小柄で（私もそれを受け継いでいる）、私たち孫にとっては、とても優しいおじいちゃんだったが、後々に聞いた話では、何事においても厳しく、また柔道の有段者でとても強かったらしい。

ただ正直なところ、七歳の自分には人の死は理解できない、ピンとこない現象だった。大好きなおじいちゃんだったが、遺体の脇に座っていた時、どんな顔をすればよいのか戸惑っていた気がする。葬儀の写真も沢山残っているが、あまり記憶には残っていない。しかし、実質初めての家族の死（正確には生後四ヶ月の時、祖母が亡くなっている）を目の当たりにして、多少なりとも思うところがあったのも事実だ。その一つが、跡を継ぐのは誰であるかだったと思う。次は誰がその役を務め、更にその次はどうなるのかを、周りの大人に問うていたように記憶している。問われた側からすれば、少し困った質問だったかもしれない。

その後大人になり、寺の仕事に携わるようになって、祖父の写真を整理したり、残された記録や知る人から伺った話から、その人柄や事績を徐々に知ることになる。

昭和の初期より戦争をはさんだ約三十年間、文字通り激動の時代の中、地元の人たちの信頼を得て、荒れていた寺を復興することは並大抵ではなかったはずだが、生涯その立場を全うしたと感じる。

約半世紀を経て同じ立場となった今、改めて先々代である祖父が歩いた道と、それを受け継ぎ、更に前進させた先代である父の歩みを噛み締め、地に足を着け進んでいかねばと思う。

慶派の大日さま

山門を入ったすぐ右手、杉の垣根の中にお堂が一つある。通常は雨戸が閉めてあり、また奥の庫裡と棟続きになっているのでそれがお堂だと思われる方はあまりいない。「大日如来灌頂堂《だいにちにょらいかんじょうどう》」、これがこのお堂の名前である。しかし名前が判明したのは、昭和五十年代の半ば、痛みが激しく大修理をした際に、屋根裏から発見された棟札《むなふだ》に記してあったためで、それまでは、「客殿」と呼んでいた。そして、その一角にある四帖ほどの広さの仏間のご本尊が大日さまで、横には歴代の住職はじめ、この寺で住し亡くなった者の位牌が並んでいた。一般的な日本家屋のお客様を迎える座敷の奥に、仏壇でなく仏間があったという感覚で、建物自体がお堂だという認識は、私にはなかった。

建物の修理後、大日さま自身も仏像の専門家の間で徐々に注目されるようになり、それまでは非公開であったが、一年に一度だけ日時を限って公開することとなった。

また、このお堂を含めた浄瑠璃寺の伽藍全体の意味も、少しずつ意識されるようになった。

中央に池があり、東側の塔に薬師さま、西側の本堂には九体の阿弥陀さま、そして北側のお堂に大日さま。東側が過去から現在、西側が未来の世界で、東西が過去・現在・未来を結ぶ時間軸、そういった様々な世界を、全て包み込む大きな空間（宇宙）を象徴するのが大日さまだとされる。この配置は、日本で最初に九体阿弥陀仏を祀った平安貴族、藤原道長建立の法成寺《ほうじょうじ》と共通している。この寺は、壮大な規模を誇る寺院として記録に残っているが廃絶し今は石碑が立っているだけである。

そんな伽藍の中で、大日さまとそのお堂はあまり意識される存在ではなかったが、前述の通り徐々に意識されるようになり、平成十八（二〇〇六）年に大日さま自身の大修理が終わるに至り、更に注目されることとなった。具体的な年代や作者は判明しなかったが、その技法や像容から、有名な仏師である運慶《うんけい》の師であり父でもあったとされる康慶《こうけい》にかなり近い人間の手によるものだろうとの見解が示された。大筋でいえば、平安末期頃の慶派の仏師の作となる。

当時、浄瑠璃寺は、奈良興福寺の影響下にあったと考えられるので、慶派の仏師が関わっていたとしても不思議はない。他にも、今は寺外に流出してしまった十二神将像や、元護摩堂のご本尊で今は本堂に祀られている不動明王三尊像など、平安末から鎌倉期の慶派による諸仏諸尊から、寺勢が盛んだったと思われる頃のこの寺の空気が伝わってくる気がする。

秘仏 **大日如来像** 平安末～鎌倉時代

[開扉日：1月8日9日10日の3日間]

潅頂堂のご本尊（金剛界大日如来）。

右手の五本の指が地・水・火・風・空という物質の五大を示し、左手人差し指が示す識（精神・霊魂）とあわせた六大で、全ての生命体が成り立っていることを教えている、宇宙の生命の親ともいわれる如来。平成に解体修理を行い、その技法・像様より平安末から鎌倉初期の慶派の仏師の作と推測されている。

※開扉日とは…普段は閉じられている扉を特定日に限って開き、中の秘仏を一般の方に拝んでいただける日

秘仏 **薬師如来坐像**（重文）　藤原時代

[開扉日：毎月8日、彼岸の中日、※1月のみ1、2、3日と8、9、10日、（いずれも好天に限る）]

東の本尊、現在三重塔内に安置されているこの像は、九体阿弥陀仏より六十年前に造顕され、当寺のはじめのご本尊。遠い昔から積み重ねられてきた色々な力を私たちに持たせて、この現実へ送り出し、さらに現実にある四苦八苦を乗り越える力を薬として与えてくれる仏さま。太陽の登る東にいて、遣送（けんそう）の如来ともいう。

大日如来灌頂堂《だいにちにょらいかんじょうどう》　江戸時代

[開扉日：1月8日9日10日の3日間]

山門のすぐ右手、境内の北側に位置し南を向いている。小屋組内から発見された棟札により、大日如来灌頂堂として慶安5（1652）年に建立され、嘉永7（1854）年に改修されたことが確認されている。“灌頂”とは密教の真理を授けてもらう儀式を指すが、当山においては儀式がいつ頃途絶えたかは不明。通常は書院として利用されてきた。

秘仏 厨子入 義明《ぎみょう》上人像　江戸時代

【開扉日：1月8日9日10日の3日間（大日如来像と同日に開扉）】

『浄瑠璃寺流記事』に記されている浄瑠璃寺開山の僧。玉眼（水晶でつくった目）入りの寄木造りの像で、江戸時代前期に制作されたもの。厨子の扉には二十五菩薩が描かれていて、現在、潅頂堂に安置されている。

秘仏 厨子入 弁財天像　鎌倉時代

かつては堂前池の中島の祠に安置されていた像。永仁四（一二九六）年に奈良吉野の天川弁天社より勧請されたと流記事に記されている。八臂の像で、天川より各地に勧請された像としては最古といわれている。現在は潅頂堂に安置。

延命地蔵菩薩立像（重文）

藤原時代

［今は東京国立博物館に出ておられる］

蓮華座の上に立ち、円い頭光を台座からの支柱が支える美しい像である。左手に如意宝珠を捧げ、右手与願印で截金を使った多様な彩色文様もよく伝えられている。端正な姿の木彫りで延命地蔵と呼ばれている。

秘仏 地蔵菩薩立像　室町時代

［非公開］

地蔵堂のご本尊。背中の部分に記された朱書きから、和歌山の護国山華厳寺（今は廃寺）でお祀りされていた像と見られるが、どのような経緯で当寺に来られたかは不明である。

秘仏 役行者《えんのぎょうじゃ》三尊像　室町時代

[開扉日：1月8日9日10日の3日間（大日如来像と同日に公開）]

山岳信仰、修験者の祖といわれる役行者の像。各地に伝来する役行者像の中では大柄の部類に属する。室町時代頃の作と推測され、平成12（2000）年の千三百年御遠忌（ごおんき）を機に修理・修復を行ない、更に岩坐、前鬼・後鬼像を新たに造顕し三尊像として現在潅頂堂内でお祀りしている。

そしてこの寺へ

浄瑠璃寺は、現在最も信憑性のある記録によれば、永承二（一〇四七）年創建とされ、あと数十年で千年の歴史を積み重ねることになる。そして時折、「この寺の住職は今で何代目ですか」と、尋ねられる。しかし実際のところ、それは全くわからない。本山級の大きな寺院や江戸時代頃に創建された寺院などでは、系譜がわかっている所も比較的多くあるようだが、浄瑠璃寺の場合は本当にわからない。これは、残っている記録がそもそも少なく断片的なうえに、住職が常駐しない、いわゆる無住の時期が時々あったため、歴代住職の流れが繫がらないからでもある。

例えば、境内の一角にある歴代住職のものと思われる墓石（石塔）は、江戸時代初頭の頃から末期頃までのものが十基余り並んでいるが、明治・大正・昭和・平成に限れば三基だけである。これは明治以降、この寺で骨を埋めた住職が少なかったことの、一つの表われでもある。私自身はこの寺で生まれ、今日までここで過ごしてきたが、師弟関係で繋がりのある先代、先々代はそれぞれ別の寺で生まれている。この二人は父と祖父でもあるが、時の流れに沿えば、まず祖父は大和郡山の浄土真宗の寺で生まれ、若くして大和西大寺の寺僧の養子に入ったそうだ。やがて宗派内の奈良・白毫寺《びゃくごうじ》の住職となり、父はそこで生まれている。その後、住職が常駐していなかった浄瑠璃寺の檀家さんからの本山への要望により、この寺に入ったという。

明治期初頭の神仏分離会による廃仏毀釈《はいぶつきしゃく》の嵐の後、多くの寺院は経済的基盤であった寺領を失い、最低限の維持をするのにも苦労するほど荒廃していたという。浄瑠璃寺も、常駐の住職がいない中での堂塔の修理や伽藍の維持に、檀家をはじめ地元の人たちは相当苦慮していたようで、寺の護持に専念してくれる住職の入寺を熱望され、それに応える形で本山（西大寺）より任命派遣されたと聞いている。

先々代（祖父）が入寺してから八十年余りの月日が流れたが、その間に荒廃していた境内はかなり整備、復興することができた。しかし、荒廃していたといわれる頃でも、この寺の核となる堂塔と池で構成する主要な伽藍部分は、地元をはじめとした当時ご縁のあった多くの方々の、精一杯の努力により残されてきた。そのうえで、今があることを忘れずにいたいと思う。

南山城《みなみやましろ》という立ち位置

平成二十六（二〇一四）年の春、京都国立博物館において、「南山城の古寺巡礼展」が開催された。かつての〝山城の国〟の中でも奈良に近い、〝南山城〟の古刹・名刹より多くの寺宝が出展され、盛況のうちに会期を終えた。

京都南部の地域は、永らく〝山城の国〟と称されていたが、元々は奈良の都〝平城京〟の背後という意味で、〝山背〟と表わされていた。それがいつしか〝山城〟になったという。この山城の中でも南の方である〝南山城〟には、奈良時代創建と伝わる寺院も多く、その時代のご本尊を祀るところもある。この地域の寺院には、奈良仏教を背景とした素晴らしい寺宝があることは、以前からそれなりには知られていたが、一堂に会したのは、この展覧会が初めてだったのではないか。

正直なところ「奈良＝大和《やまと》の国」に対して、「京都＝山城の国」の認知度、知名度は低いと思われる。更に「南山城」となると、少し前までは「なんざんじょう」と読まれることが多く、城の名前だと思われていた。そんな南山城は、行政上は今も昔も京都（山城）であるが、文化圏でいえば一部を除き、ほとんどが奈良（大和）の色彩がとても強い。かくいう浄瑠璃寺も、奈良仏教の聖地とされた小田原別所より起こり、永らく興福寺と深く関係しながら歴史を重ねてきた。興福寺との関係は明治の初頭、廃仏毀釈の混乱期に途切れたが、その後、所属したのも奈良西大寺で、文化圏としての大きな変化はなく、現在に至っている。他の多くの寺院も、東大寺、興福寺といった奈良仏教の中核部分から影響を受け続け、明治期を迎えた。今では、京都の寺を本山とするところも多くあるが、積み重ねてきた歴史には奈良の香りが隠せない。奈良の都と京の都に挟まれた、この地域の魅力を探りに来ていただければと思う。

山里のおもてなし

現在、浄瑠璃寺の門前には、茶店、みやげ物屋などのお店が五軒ある。しかし、私が生まれた昭和三十年代半ば頃、まだ店は一軒もなかった。

最初のお店は、参道脇にあるお家の方が始められた。元々、参道脇に居を構えておられたのはこのお家だけで、店という体《てい》をとる前から、寺へ参拝に来られた方に、時折、何かしらのおもてなしをされていたそうだ。バスも通っていない昔は奈良から来るだけでも半日仕事、往復一日がかりのところだったので、弁当を持参しなければ食事にもありつけなかった。途中、道にでも迷おうものならなおさらだった。そんな困っておられた方々に、湯茶や簡単な食事を出されることがあったという。

その後、参拝の方が徐々に増え、三十年代の終わり頃に店を始められ、四十年代の半ばには六軒になっていた。そのうち一軒は店を閉められた。しかし残りの五軒は、多少業態が変わったところもあるが今も続けておられる。また、この付近の特徴的なおもてなしの形として、無人販売の吊り店がある。角材を横長の鳥居のように組んで釘を打ち、それを道端に建て、はじめの頃は地域の名産であった豊岡《とよか》柿（当尾《とおの》柿）を、実のついた枝ごと数本束にして吊るしてあり、代金入れの空き缶が針金でくくりつけてあった。そこに代金を入れて、自由に持ち帰ってくださいという形式だった。この吊り店も、岩船寺までの道端に相当数あったが、最近は数えられるほどになった。しかし、今でも季節の野菜などをその時々に出しておられる。

ただ、寺自身もそうだが、どのお店にしても家族のみ、もしくは少しばかりの方に手伝っていただいての毎日ゆえ、一流ホテルのような、痒いところに手が届くようなおもてなしではなく、普段使いのような、自然体のおもてなしなのだろうと思っている。

当寺も飾り気のない、かしこまらない、そんな山里流のおもてなしを日々心掛けている。そして、これは多くの関係性においても大切な気がする。

手間暇がかかるもの

バス停から、少し坂を上ると参道が始まり、百メートル足らずで山門に着く。その中間辺りに少し段差があり木製のスロープが設置してあるが、この付近で舗装の種類が変わっている。バス停側は比較的最近、平成の終わり頃に施工された、真砂土《まさつち》に近い色合いと感触であるのに対し、山門側はかなり以前（昭和の終わりか平成の初め？）に施工され、コンクリートっぽい色と質感である。この頃は境内の園路を含め、通路のほとんどがこの舗装だった。

それぞれの舗装は、外観だけでなく使っている材料やその理由も明らかに違う。以前のものは施工のしやすさと耐久性が重視されていたが、最近のものは環境に対する負荷（現在だけでなく将来にわたって）を重視している。具体的には、次の張り替えの際にゴミとならず土に還る材料を使っている。これは舗装だけでなく、池や島の周囲なども含め、平成の庭園整備では一貫して取られた方針でもある。

そして、この方向性は社会全体の傾向でもあると感じる。しかしそれは、昔の日本では普通のことだったと思う。日常の生活用品から建物に至るまで、ほとんどのものは、やがて土に還る素材が占めていた。また、燃やしても有害物質が発生することもほとんどなかった。便利を追い求めるあまり、とんでもない量のゴミと成り得るものを我々は生み出してしまったようだ。高層ビルや高速道路が更新される時、どれほどのゴミが出るのだろう、と思ってしまう。

それに対し、文化・文化財とされる範疇の大半は、多くの手間暇をかけて今日まで伝えてこられている。そして、将来に繋ぐためにも、手間暇がかかるだろう。これらは、便利という概念から懸け離れて存在している。例えば、膨大な情報・データを保存できる現在の記録媒体は、百年後、二百年後にどのような形で残っているのだろうか。紙と墨で記され、五百年、千年を経ている古文書のような記録の代用となっているだろうか。永く残し伝えるための手段には、手間と不便は欠かせない要素だと思う。目先の損得ではなく、遠い未来をも含んだ物差しを持ち関わっていく。文化財だけでなく日常生活にも、そんな視点と意識を持つことが大切だという気がする。

見ているようで

人間、見ているようで見ていないものが、意外に沢山あるようだ。

例えば、浄瑠璃寺の三重塔。門を入った正面に見える池の左手、東側の少し小高い丘の上に建っているが、逆の右手、西側の本堂脇にある受付まで来られて、どこにあるのか尋ねられる方も少なくない。本堂の方が目線に近い場所に建っているので、先にそちらに気付かれるのだろうが、あることをご存知でも、なかなか見つけていただけない。しかし、十年余り前、塔の屋根の葺き替えのため、足場を組んで幕で覆った際には、見えないことを残念がる方が続出した、ある意味、異質な姿になったことにより、発見（?）されやすくなったようだ。

また、先に気付かれる本堂の屋根の中央部分に、狛犬（獅子?）が対で置かれているのだが、長年来られていてもご存知でない方が多い。寺の本堂の屋根に狛犬が置かれていること自体、割合珍しいと思うのだが、前回の戌年《いぬどし》の寺の恒例の法要の際にその話をしたところ、何十年も参列していただいている檀信徒の方でも、ご存知の方は僅かだった。

あと一例、池の中島にある弁財天の祠《ほこら》も、最近まであまり気付かれない存在だった。平成二十年代、約十年がかりで進められた庭園整備の際その祠の修理をすることになり、丸ごと大工さんの作業場に持ち帰っていただいたが、なくなったことに気付く方は少なかったうえ、鮮やかな朱色に塗り直され戻ってきた祠を見て新たに祀ったと思われた方が多かったように思う。毎年来られている方が、結構そう思われていたので、境内の中央のどこからでも見える場所にもかかわらず、あまり意識されていなかったようだ。しかし、色を塗り直していただいた今は、目立つ存在となり、尋ねられる方も増えたと感じる。

これは、日常生活でもあるのだろうが、意識の度合い、興味の大きさなどにより、そこにあっても見ていないものが多くある。ある意味、自然な現象なのだろうが、実は凄いものに気付かず見過ごしていることがあるとすれば、それはそれで勿体ないとも思う。この寺にかかわらず、目立つもの、普段見ているもの以外にも、少しずつ意識を向けていただいて、新しい発見をしていただければと思う。

雪の日の朝

　久しぶりに雪が積もり、境内一面を白く染めた。近年、地球温暖化・暖冬と言われ、平成の終わり頃までは、ひと冬に二～三回は積もっていた雪も、ここしばらくはチラホラ舞うことはあっても、なかなか銀世界とはならなかった。

　と、いっても、山里の寺の冬は下界に比べればそれなりに寒く、広い池全面に氷が張ることも時折ある。しかし、私がまだ子供の頃（気付けば半世紀以上前のことになるが）は、氷の厚さが今とは桁違いで、水際の一、二歩までは乗っても割れないほどだった、それが今は、猫が乗っても危ないほどで、上を歩いているのは小鳥ぐらいになっている。雪もまた、当時は子どもの膝下辺りまで積もることも珍しくなかったが、今はせいぜいその半分くらいだろう。それどころか、全く積もらない年も何度かあった。

　そんな雪が久しぶりに積もったある朝、堂内で朝の準備をしていると、その日の本堂番をしてくださる方が、「お不動さまの顔が見える」と呟かれた。浄瑠璃寺の本堂は、建立から約九百年を経ているが、内部の様子はおそらくその頃よりほとんど変わっていない。それゆえ、堂内は当時に近い状態となるよう自然光を基本とし、照明の類は最小限に留めている。そのため、季節・天候・時刻をはじめとした諸条件により、明るくも暗くもなり、仏さまの表情も刻一刻と無限に変化していく。しかも、お不動さまは堂内の一番奥まった場所におられるので、普段は総じてお顔はよく見えない。

しかし、この日は本堂前に積もった雪が、撮影などに使われる反射板の役割をしたため、東向きの堂内はいつになく明るく、普段はよく見えないお顔が思いがけず見えたのだ。これは一例だが、同じ仏さまでも、その日その時により、驚くほど姿・気配・雰囲気が変わってくる。見える時も見にくい時も、仏さまの姿だけを見ようとするのではなく、その気配や雰囲気を感じ取ることにも意識を向けていただけるとありがたい。

過去と未来を繋ぐもの

寺の創建時の姿、庭の造園時の様子、仏さまの造立時の彩色、浄瑠璃寺の場合もそうだが、多くの寺院でも時を重ねるほど不明な部分が増えていく。

平成二十二（二〇一〇）年に始まった、庭園の整備事業においても、その点が往々にして課題となり、議論の対象となった。一つの基準となる造園当初の様子を探るため、二年をかけ十数カ所を発掘し、初期の遺構のいくつかは判明したが、逆に目的のわからない石組みも数カ所発見された。そして、それらの成果を実際の整備作業にどのように反映するか、各方面の方々と検討を重ねた。

その一つが、本堂前で発見された州浜《すはま》（水際に敷かれた石）と現在ある通路との関係性だった。発掘により、本堂前に以前は通路はなく、今より水際が近くにあり、そこには州浜が造られていたことが判明した。しかし、そのままの位置に州浜を復元すると、通路がなくなってしまう。現在通路は、単に人が通行するだけでなく、参拝の方々が話を聞かれる際の滞留する空間でもあり、境内整備のための車両の侵入路でもあり、おいそれとなくす選択は取れなかった。結論として導き出されたのは、現在の水際付近に州浜を復元するという、いわば折衷案だった。

この選択が最良であったかどうかは、今の時点では判断できないが、文化財の整備や修理、復元には様々な選択肢があり、また、明確な正解もなかなか出てはこない。

今回の整備においても、造園当初の意図があり、改変された時々にもその時々の意図や目的、事情があったはずである。その積み重ねと自然現象による経年変化が重なり、現在がある。段階的に捉えることもできなくはないが、過去より現在はもつれたことはあっても、途切れたことのない糸のようなもので、どこまでほどくのか、はたまた新たな糸を加え紡ぐのか、過去・現在・未来を想いながら議論し、検討した上で今がある。そして、これは私たちの何気ない日々の暮らしにも、あてはまると思う。

境内一巡（其の壱）

かの堀辰男夫妻が危うく通り過ぎそうになった小さな山門は、百メートル足らずの参道の先にある。現在この参道は主に馬酔木が並んでいるが、昭和三十年代までは松並木だった。これは江戸期の境内図にも描かれているので、かなり昔からだったと考えられる。その松並木の多くが枯れてしまい、代わりに周囲の山から移植されたのが、馬酔木だった。これは文学の世界で、浄瑠璃寺の馬酔木が多く取り上げられていたことからの選択だったと聞くが、今に至っても、その印象は広く定着しているようだ。

短い階段を上り、門をくぐると、右に杉の垣根、左には小さな水路があり、少し高いところに釣り鐘堂がある。杉の垣根は、池の手前を右に曲がり、庫裡の前まで続いている。しかし、この部分は以前土塀があったことが、古い境内図からわかる。現在、土塀は主に山門の右手、庫裡の北側だけだが、以前は庫裡を囲むように配されていたようだ。明治より昭和に至る頃、傷んだ土塀を修復できず、今のようになったのだろ

う。現在残っている部分も、私の幼少の頃はひどく傷んでいて、そこだけを見れば荒れ寺の様相だった。

一方、左手の水路と釣り鐘堂の間の斜面には、大小・高低差のある石が、いくつか組まれている。これは、平安時代に造られた庭園を、鎌倉時代の初めに京より有名な庭師を呼び、石を立てて補強してもらったとある記録が示す部分と考えられている。この石組は、他にも塔に登る階段の右下辺りと、その少し先の井戸の傍らにも見られるが、これらがあることで、庭全体の景観に抑揚が付いていると感じさせる。更にもう一ヵ所、本堂の南側にもそれらしい痕跡があるが、元の姿は定かではない。

少し戻って水路脇の釣り鐘堂だが、これは江戸の境内図では本堂の北側にあったものが、明治期の図では現在の地に移っている。しかし、鐘そのものは第二次世界大戦中の金属不足のため、多くの他の寺院と同様、国に供出され、昭和四十二（一九六七）年に再興するまでは、主無しの堂だけだった。復活した鐘は、参道を多くの人に曳かれて据え付けられたという光景を微《かす》かに覚えている。それ以来、毎夕五時、門を閉める際に一日も休むことなく、その音《ね》を響かせている。また、除夜の鐘もその年より今日まで続いており、近年は八月十五日の終戦の日の正午に、地元有志の団体の方々により、「平和の鐘」として突かれている。再び鐘が供出されるような事態はあってはならないし、そのための努力も大切だと思わされる。

また、脇にある水路は、境内の大部分を占める湧水の池の唯一の水の出口で、普段は底をわずかに流れているだけだが、大雨の際には溢れそうになることも少なくない。境内は、北側を除く三方が山なので、そこからの水が一気に流れ込むため、池や中島の周囲にある州浜と呼ばれる石を並べた部分も水没し、境内の光景・雰囲気がかなり変わる。

永く続く境内も、時代や気候により変化し続けている。今回はその一部を記してみた。

境内一巡（其の弐）

山門を潜《くぐ》り、突き当たりを左に曲がると、すぐ水路を渡る石橋がある。そのまま塔のある方に向かうと、石段の手前にも細い溝を渡る石橋がまたある。大きさ、形は違うが、どちらも少し丸みを帯びていて品があると思う。更に双方ともに、すぐ近くに自然石の少しゴツゴツした石組みがある。今となっては、それが意図的なのか偶然なのかわからないが、角と丸、柔と軟の組み合わせが、とても粋に感じる。

水際の州浜、通路脇の石組み、通路上の石橋や石段、どれも庭園を構成する上で、大事な役割を担っているはずだが、必要以上に主張することもなく、まるで空気のように存在しているところが逆にすごい。堂塔前にある重要文化財の石灯籠も含め、境内にある様々な石も見てほしい。

そして、石段を上り、三重塔の前に立つと、本来とても小ぶりな塔なのだが直近なので意外と大きく感じる。しかし、少し横に移動して距離を置き斜めから見ると、威圧感はなくなり、とても反《そ》りの緩い桧皮の屋根や細めの垂木などからは、かつて建っていた京の都人《みやこびと》の好みが見え隠れする。私は、正面よりこの斜めから見る塔の姿が、より美しいと思う。

その塔を少し傍に寄って見てみると、初層の四方にある柱の南側（向かって右）の二本の彩色の剥げ方が激しい。これには理由があり、平成二十（二〇〇八）年、アライグマがこの柱をよじ登り、木組みの隙間より塔内に入り込み巣を作り、更に天井を破り、初層内部に祀ってあるお薬師さまにも登り、台座の蓮弁とご本体を傷つけた。通常、塔は毎月八日のお薬師さまのご縁日に、好天なら開扉しているが、他のほぼ一ヶ月は閉めたままなので、その間に住み着いたようだ。国宝の塔と、重要文化財の仏像の被害ということもあり、テレビ・新聞等にも取り上げられ、ちょっとした騒ぎにもなった。その後、隙間に網を張っていただき入れなくなったのだが、それでもなんとか入ろうと柱を登り続けたようで、彩色がはげてしまった。アライグマの被害は今でも各地で続いているようだが、外来種を持ち込み飼えなくなったものが自然界で繁殖し問題を起こす。元を正せば、人間の仕業である。

塔を背にして脇の坂道を下り始めると、右下に井戸の覆いが見える。井戸といって

も深さは五十センチもなく、地表付近で水が湧いている井戸である。池の中にも湧水箇所はいくつもあるようだが、地表ではこの付近だけのようだ。逆にいえば、ここが浄瑠璃寺の起源、始まった場所ではないかと思っている。実際、池の周囲ではこの辺りが一番冷気を感じる場所であり、霊感があるという知人は霊気も感じるそうだ。

大きな湧水の池と、掘らずとも湧いている泉を発見した当時の人たちは、どんな思いを巡らせながら、この寺を造り始めたのだろうか。

境内一巡（其の参）

塔の脇の坂道を下り、そのまま進むと左手に東屋《あずまや》が建っている。古色が塗ってあるが、平成二十八（二〇一六）年に建てられたばかりの、境内では最も新しい建築物である。浄瑠璃寺の境内は、特別名勝と史跡の指定を受けているので、建築や景観の変更には多くの制限、制約があり、新たな建物は簡単には建てることはできない。しかし、今回の東屋はかつてあった建物を再興するという形で建てることができた。その根拠となったのは、江戸時代に描かれた『拾遺都名所図会』という境内図だ。そこには、山際に春日・白山の鎮守社とその拝殿と思われる簡素な建物があり、その付近に東屋を建てることになった。本来は道を隔てた池側であったが、発掘の際にかなり古い石垣が発見されたため、今の場所となった。

この辺りも、境内の中では冷気を感じられる場所で、夏場の（最近は春・秋でも）暑い日には、団体参拝の方々に法話や説明をする際に使うことも少なくない。建物自体も境内と調和し、違和感のないように設計・施工していただき、風景の中に昔からあるかのように、溶け込んでいると思う。

そしてそこに腰掛ければ、境内の主軸ともいえる塔と、中島、本堂を結ぶ東西の伽藍を横から眺める、少し新鮮な光景が広がる。特に、初夏より秋口にかけての青もみじを通しての景色は、とても気持ちが良い。席が空いていれば、一度座ってみてほしい。

この東屋に腰掛け、左を向いた山際の一段上がった空間が、前述した境内図に描かれていた鎮守社の跡である。今は、礎石と周囲の石垣の一部が残っているだけで、更に当時は二つあった祠も後の時代の境内図では一つになっており、現在残る礎石も一社分だけだ。

鎮守跡を過ぎ、本堂の方に進むとその少し手前の左奥に、寛永二（一六二五）年の六字（南無阿弥陀仏）の名号碑《みょうごうひ》があり、本堂正面まで来ると石灯籠が、更にそのすぐ脇には、永仁二（一二九四）年の年号の入った六角形の石の水鉢がある。どれもさりげなく佇んでいるが、それぞれの時代の寺の歴史を静かに物語ってくれている。

ちなみに、鎮守跡の祠があったであろう辺りに、昭和五十（一九七五）年の境内整備の際に、土中より発見されたという、かなり古い槙の木が立ててある。先代住職より聞いた話では、祠がかつて建っていた場所に、神様が降りて来られたときの〝依《よ》り代《しろ》〟として立ててあるそうだ。

今でもこの槙の木に、神様が降りて来られることはあるのだろうか。

江戸の熱量

浄瑠璃寺は、平安時代に開創された寺である。故にテレビや書籍、またネットなどの情報として取り上げていただく場合にも、その紹介や解説の基本となるのは、平安の信仰や文化であることが多い。堂・塔も、そこに祀られている仏さまも、それらを構成する庭園も、そのほとんどが平安時代に造られ、今に伝えられてきたものなので、当然といえば当然である。

この地を探し出し、これだけの伽藍を現出させるに至った、当時の人たちには感服する。しかも寺が創建されてから伽藍が整うまでには、百年以上の年月を要していることを考えると、その間に関わった人たちの想いが伝わってくる。また、それを今日まで守り伝えてきた、更に多くの人たちの存在も其処此処《そここ》に感じる。

その中で、近頃特に熱量を感じるのが江戸時代の初期である。しかも、期間にすればおよそ三十年余り、三、四名の住僧が中心となり、改めて寺観を整え、寺勢を回復されたように思える。現在残る痕跡として、まず挙げられるのは寛永二年（一六二五）年に編纂された『縁起』と、同年に建立された〝六字名号碑《ろくじみょうごうひ》〟である。この頃を契機に、多くの箇所が今に続く変貌を遂げたようだ。また、それらに関わった時の住職〝乗《じょう》秀《しゅう》〟は、その資金調達の一手段として、欠本のあった一切経を売りに出し、それを買い求めたのは、当時の浄土宗の傑僧ともいわれた〝袋中上人《たいちゅうしょうにん》〟である。この頃より、本堂屋根の桧皮の葺き替え、大日如来潅頂堂の建立などが進められた。更に大きな事業として、寛文六（一六六六）年の本堂屋根の桧皮葺きから、瓦葺への改変を挙げたい。今日我々が目にする本堂の瓦屋根は、このとき以降の光景で、それ以前と比べればかなり印象が変わったはずだ。これは桧皮葺き屋根の手入れがかなり大変だったための、ある意味英断ともいえるが、屋根に架かる重量に大きな差があるので、建物の構造変更等、相当な工事だったと推測できる。また、この機会に本堂正面に向拝を設け、堂前の池も埋め、境内を回遊できる形にしたようで、参拝者の動線も大きく変わったはずである。更に付け加えれば、堂内中尊の千仏光背もその二年後に新調されており、堂の内外ともに、今日の浄瑠璃寺の姿はこの頃に整えられたといっても過言ではない。

また、この頃以降の住僧の墓石や位牌も多く現存しており、名前や年代を含めて、実感できる部分が多くあることも、当時の熱量を感じられる要因だろう。
一つの時代の熱量が今も境内を包んでいる。

馬酔木（あしび）の花

袋中上人

前項に記したように、江戸の初め、浄瑠璃寺は堂塔伽藍の修理修復の費用を捻出するために、欠本のあった一切経を売りに出した。そして、それを買い求めるため寺を訪れたのが、当時浄土宗の傑僧といわれた〝袋中上人〟である。袋中上人は福島で生まれ、各地で仏教の教義を広く学び、更に未知の経典を求め、明《みん》（中国）に渡ろうとするが叶わず、たどり着いた琉球（沖縄）で国王の帰依を受け、浄土教の布教に努め、〝エイサー踊り〟を広めたという。その後は、京都や奈良を拠点として浄土教のみならず、広く仏教の学問、実践双方に力を注いだと伝えられている。

経典を集めるため奔走していた袋中上人と、修理資金を必要とした寺側、その双方の思惑の一致から、この出会いが生まれた。そしてこのときの住職であった乗秀は、伽藍復興に向け寺を広く伝え知ってもらうためか、『浄瑠璃寺縁起』を編纂している。また同じ年、縁者の供養のため〝南無阿弥陀仏〟の六字名号碑も建立している。これらにも、袋中上人が深く関わっていた可能性を指摘する研究者の声もある。この頃から、衰退していたと思われる寺勢は回復の兆しを見せている。浄土宗の僧として、阿弥陀さまの信仰に力を注いでいた袋中上人にとって、九体阿弥陀仏を祀る寺の行く末を案じ、力を貸してくださったのだろうか。そうであれば、寺にとってはとても頼りになる存在であっただろう。

そんな袋中上人が仏教興隆の道場として開創し、今も歴史を重ね続けている京都の檀王法林寺《だんのうほうりんじ》、奈良の念仏寺とは、そのご縁もあり、少なからずお付き合いをいただいている。また、浄瑠璃寺のある加茂町域にも、今は廃絶したがかつて心光庵《しんこうあん》という拠点があり、上人の死後約百年経ってからその生涯をまとめた絵巻物『袋中上人絵詞伝《えことばでん》』が編纂され、今に伝えられている。四百年前にご縁のあった袋中上人の、今なおその想いや息遣いが、境内の片隅に残っていると改めて感じさせられる。これも、江戸の熱量の名残だろうか。

灯りに導かれて

寺院の堂内でも、お仏壇の前でも、まず最初に行うのは灯りを点けることだろう。それを基にして線香などを点けることになる。灯りを点け供えることにより、仏さまが私たちの居場所を確認し、それを軸として繋がってくださる。暗闇の中であったとしても、一点の灯りがあれば目印となる。

仏教に限らず多くの宗教において、「火」は重要な要素と捉えられていたはずである。火は大きくなれば炎となり偉大な存在で、畏敬の対象への祈りと願いを届けるための、大きな手段でもあったと思う。小さな灯りであれ、大きな炎であれ、それぞれが私たちの心の在り方、気持ちの抑揚にとても影響するともいわれる。静かに揺らぐ灯りや炎は心を落ち着かせ、大きく燃え盛る炎は気持ちを昂《たかぶ》らせる。

浄瑠璃寺本堂内の灯りは、普段は中尊前の一対の蝋燭《ろうそく》とほんの少しの照明だけであるが、年に数回不定期に営んでいる夜の檀信徒さんの法要では照明を少しだけ増やす。

しかし、その際でも時折り照明を落として蝋燭の灯りのみで仏さまを拝していただくことがある。暗闇の中、小さく揺らめく蝋燭の灯りに照らされる金箔の仏さま。この姿が古《いにしえ》の人々が想い描いた本来の仏さまのように思える。隅々までが見えるように照明を当てるのは、美術工芸品を鑑賞するための手段であり、仏さまを拝する際には、見えない部分を想い描きながら相対《あいたい》する程度の暗さが適当ではないかと感じる。

本堂の中は、よく晴れた一時期の朝方を除けばいつも少し薄暗くまた照明も最小限しか設置していないが、これが本来のこの場における仏さまの姿に近いと思いながら、静かに対峙していただければと思う。その灯りを通して、仏さまは私たちを見ていてくださるはずだ。

四天王像（前－持国天・後－増長天）（国宝）　藤原時代

［現在、多聞天と広目天は国立博物館に出ておられる］

当寺の像は藤原期四天王の代表像で、全身には彩色と截金（きりがね）が施され、この美しい文様は「浄瑠璃寺文様」と呼ばれている。足下の邪鬼（じゃき）の表情も豊か。四天王は元来世界の四方を守り、外から悪が入らぬよう、内の善なるものは広がるようにという力の神である。

増長天

持国天

子安地蔵菩薩像（重文）　藤原時代

中尊の横に立つ子安地蔵と呼ばれる腹巻を巻いた地蔵さま。左手に如意宝珠を持ち、右手は与願の印を示す。木造で胡粉地（ごふんじ）に彩色された美しい和様像。

制多迦《せいたか》

不動明王・制多迦《せいたか》童子・矜羯羅《こんがら》童子（重文）　鎌倉時代

元護摩堂の本尊である三尊像は、力強い表情、鋭い衣紋の彫り、玉眼の光、迦楼羅（かるら）光背など鎌倉時代の特徴をよく顕した秀像である。向かって右に優しい矜羯羅童子、左に知恵の杖をもつ力強い制多迦童子を従えている。三尊像では向かって右側が慈悲、左側が知恵の象徴であることが多い。

馬頭観音立像（重文）　**鎌倉時代**

[今は奈良国立博物館に出ておられる]

怒りの菩薩、たたかう菩薩ともいう馬頭観音の像はわりあい少ない。当寺には、仁治２(1241) 年、南都の巧匠といわれた良賢、増金、観慶の三仏師がこの地で彫ったことを示す胎内墨書のある四面八臂（しめんはっぴ）の見事な木造彩色像が健在する。火焔光背（かえんこうはい）、蓮座、胎内仏、胎内経巻などもそのまま保存されている。

馬頭観音立像・背面

馬頭観音立像・胎内仏（双身毘沙門天立像）

香を食《しょく》す

皆さんは日頃、「香」とはどのような場面でどのような形で出会われているだろうか。比較的多いのは、通夜・葬儀・法事等での焼香、仏壇の前での線香あたりだろうか。自宅や自室で室内香を焚かれる方もいらっしゃるだろう。

浄瑠璃寺では香に接していただく機会として、本堂内の中央で常時焼香をしていただけるようにしてある。昔からではないが、もう二十年ほど経っているだろうか。きっかけは、参拝の方が持参し供えられた線香が、火が点いたまま香炉の外にこぼれ落ちることが何度かあったためだと記憶している。安全な形でご本尊に香を上げていただける手段として、焼香という形に落ち着いた。

寺院、一般家庭の仏壇、いずれの場合でも、仏前に供え物をするための基本的な仏具として、「三具足《みつぐそく》」と呼ばれるものがある。灯明台と香炉、花立ての三つを指すが、灯明台と花立てを一対にして、「五具足《ごぐそく》」とする場合もある。「灯り」と「香り」と「花」、この三つが供え物の基本とされる。原則として向かって右に灯明台、中央に香炉、左に花立てを置く。位置としても中央にあり、また焼香のように多くの方が関わりやすいのが「香」だろう。さらに「香食《こうじき》」といって、仏さまや諸々の霊は香を食されるという。特に亡くなってから次の世界に移るまでの、「中有《ちゅうう》（中陰《ちゅういん》）」と呼ばれる不安定な期間（俗に言う四十九日まで）の霊は、「香」以外の供え物は上手く受け入れることが難しいといわれ、その間は香を絶やさないよう細い巻き線香を焚き続ける習慣もある。

そして、我々の食事にも日常と特別な日があるように、香を上げる時も日常用と特別な日用を使い分けてみるのも良いかもしれない。今までより少し、香に想いを上乗せして上げていただければと思う。

浄瑠璃寺に来られた際も、ご本尊の前ではぜひ香を上げてお参りください。

花は小さな仏さま

これは、浄瑠璃寺も所属している「関西花の寺二十五カ所霊場会」を紹介する際に使われる文言の一つである。

仏前には必ず花を供える。「灯り・香・花」は、どれも仏さまの前には欠かせないものだが、日常多くの方があれこれと思いを巡らせて用意するのは花かもしれない。仏さまの衣類、寺院の荘厳（装飾）、仏具、法衣など、至るところに花は存在している。

そもそも、お釈迦さまが誕生したのは花園であり、甘露（甘い香り）の雨が降る中でお生まれになったという。今でも生誕を祝う「誕生会（花まつり）」では、花を飾った（花園を模した）小さなお堂に、片手を天に向けもう一方の手を地に向け、〝天上天下唯我独尊〟と発せられたとされるお釈迦さまの像を祀り、甘茶（甘露の雨）をかける。また仏さまの多くは、蓮台《れんだい》（蓮の花の台座）の上におられる。蓮は泥の中より出《い》でて、清らかな花を咲かせることから、混沌とした世界の中で清らかな教えを持って人々を救う仏さまを象徴しているとされる。野山に咲く花、道端に咲く花、公園に咲く花、寺社の境内に咲く花、様々な花が様々な場所で見る人の心や気持ちを癒してくれ、時には力を与えてくれたりする。

浄瑠璃寺の境内にも様々な花が咲く。寺の花として最も認知されているのは「馬酔木」の花だろうか。この花が寺と結び付いたのは、大正から昭和期の文学者や俳人が、文章や俳句などに馬酔木の花を多く取り入れたからだと言われる。元々、奈良公園周辺よりこの辺りまでの野山には自生の馬酔木が多くあり、それが大和路や、この辺りの物静かな雰囲気に似合っていると捉えられたのだと思う。

三方を山に囲まれ、大きな湧き水の池があるこの寺の境内は、野の花が育つための環境としては適している方ではないだろうか。一年を通して、多くの種類の小さな野の花が咲いてくれるが、その中には絶滅危惧種もいくつかある。平安時代からの庭園としての手入れ整備もする必要があり、全くの自然とはいかないが可能な限り自然に近い状態で咲いてくれることも意識している。それゆえに、多くの花は栽培種のものに比べ小さく、地味で目立たない傾向があるが、視線を下に向けじっくりと眺めていただくと、静かな生命の鼓動が伝わってくる気がする。人に見てもらうためでなく、あくまでも自然に振る舞っている。その姿を四季折々、境内のあちこちで感じていただければと思う。

芙蓉（ふよう）の花

隣近所のお寺さん

浄瑠璃寺の周辺だけでも現在、毎年恒例の法要や葬儀の際などにお付き合いのある寺院が四カ所ある。また、今は廃寺となったがかつては行き来があったと思われる寺も三カ寺ある。さらに、それぞれの寺に子院があったので、それを含めるとかなりの数であっただろう。

今、最も近くにある岩船寺の創建は浄瑠璃寺よりかなり古く、奈良時代に遡るという。その頃の堂塔、仏さまは残っていないが、現在のご本尊である阿弥陀さまにしても、浄瑠璃寺のそれと比べると百五十年ほど古いうえ大きく、その姿は力強い。

これは私感も含まれるが、ご本尊の阿弥陀さまだけでなく、寺全体の雰囲気もかなり違うと感じている。極端な言い方をすれば、浄瑠璃寺が「柔」、岩船寺が「剛」の空気を纏《まと》っている。境内の地形をみても、一方は里山の平坦地に、もう一方は山間《やまあい》の傾斜地に伽藍があり、山門をくぐった際の風景も印象も違う。また、かつて両寺の中間に位置し、浄瑠璃寺とは兄弟寺のような関係であったとされる随願寺《ずいがんじ》の変遷との関わりから読み取れるいきさつがある。随願寺とは距離も近く、お互いの法要に行き来していたとみられる記録も残っているが、寺が立ち行かなくなった際当時在していた山伏（修験道者）が移った先は岩船寺だった。おそらく彼らにとっては、山岳寺院的な要素を持ち合わす岩船寺が頼れる寺だったのだろう。今でも岩船寺境内の山頂付近には、貝吹岩《かいふきいわ》と呼ばれる、浄瑠璃寺を含めた近辺が一望できる大きな岩があり、そこでほら貝を吹いていたとされている。この対照的な趣きが、それぞれの寺の色であり、個性だと思う。

この岩船寺は、北東方向に位置しているが、残り三カ寺のうち二カ寺は北方向にある。その一つは宝珠寺《ほうじゅじ》という曹洞宗の寺で、辻区という集落の寺である。しかも、この辻区内は原則浄瑠璃寺の檀家でもある。ゆえに、この地区の方が亡くなられた際の葬儀には、双方の寺が伺い同席して式に臨む。違う宗派の僧侶同士が同じ葬儀に席を並べることは珍しいと思うが、この地区ではかなり以前よりこの形のようだ。もう一つの北方にある金蔵院《こんぞういん》という寺は辻区の隣の地区にあり、明治以前までは浄瑠璃寺の末寺であったという。今では本末関係はないが、先の岩船寺を含め、共に現在の本山は大和西大寺で、真言律宗《しんごんりっしゅう》という宗派に属している。残りの一カ寺は、北西方向に位置する高田寺《こうでんじ》という寺で高野山真言宗に属するが、先の真言律宗三カ寺とは法要の行き来もある地域の仲間寺でもある。また、この寺のご本尊の薬師さまと浄瑠璃寺創建時のご本尊である薬師さま、さらに高田寺の先にある西明寺《さいみょうじ》という寺の薬師さまはどれもほぼ同時代の作で、赤田川という地域を流れる川の流域でもある。当時、この地域に薬師信仰が根付いていたことが連想できる。

最後に、浄瑠璃寺の南西・南東方向の奈良県側にも、中川寺・鳴川寺と呼ばれた寺院がかつて存在し、当時は親交があったとされている。

このように隣近所のお寺さんも、昔日《せきじつ》には今より多くあり、それぞれ様々な関係性、繋がりがあったようだが、その中で今も残る各お寺さんとのご縁には、長い歴史と地域の信仰の深さを感じる。ともに地域の寺として歩んで行ければと思う。

話せばわかる

人が誕生する際、母親の胎内での成長過程の一時期、頭と胴体部分が左右に開いており、それが閉じていく最後の部分が上唇、上顎《うわあご》のあたりだという。しかし、先天性の異常のためその部分が裂けたまま生まれる場合があり、その症状を「口唇裂《こうしんれつ》、口蓋《こうがい》裂《れつ》」という。そのままでは、呼吸・発音・歯並び等に支障があるので、手術をすることになるが、その後も発音障害や手術痕が残る場合が多い。

私もその症状で生まれたため、発音・発声に多少支障があり、手術痕も残っている。そのため、幼少の頃より多少好奇の目で見られたり会話に困る場面もあったが、継続的な日常の関係性の中では理解してもらえ、普通に過ごしてこられたと思っている。

しかし、少し困った場面に直面したのが、参拝の方々への寺の説明・案内を始めた時だった。大学を卒業した頃から徐々にその機会が増え、多くの方にはある程度自然に受け入れてもらえたのだが、中高生あたりの年代では少しおかしい発音や手術痕が気になり、話に集中してもらえないことが少なからず続いた。話の組み立てや文言等に工夫をしたりしてみたが、なかなか解決するには至らなかった。

転機は、学校の授業で総合学習という枠が設けられ、地元の小・中学生が地域を学ぶために寺に来られたときだったと記憶している。特に小学生に相対する際に、気が向くであろう事象を客観的に伝えてから本題に入った方が良いのではと思い、まずそれを話してから次に移るようにした。すると、事情がわかった彼ら、彼女らは、素直に耳を傾けてくれた。それ以降、修学旅行の中高生に対して、同じような順序を踏むよう心がけた結果、劇的と表現しても良いほど、冒頭より耳を傾けてくれるようになった。長年悶々としていた場面は、呆気なく前に進んだ。

「話せばわかる」、もちろん全てがそれで片付くわけではないが、場合によっては、それがとても大切なことだと感じた次第である。

花は頭上に足元に

参拝に来られる団体さんに、花の話を織り交《ま》ぜ寺の説明をすることが時々ある。時期的に一番多いのは春先、馬酔木の花が咲く頃だが、花の寺を巡るツアーの場合は、どの季節であっても話の最後あたりに付け加える。

「○○の花の寺」と、称される寺院は各地に多くあり、どこも見事な花が境内を彩っている。しかし、浄瑠璃寺の場合、境内全体を彩るような花や光景は残念ながら見当たらない。最もまとまって花が咲く芙蓉《ふよう》でも、本堂前を彩るが境内全体でいえば一部分に留まっている。紅葉の頃を除けば（これは花ではない）、境内全体が彩られることはなく、印象としてはあちこちで何かが咲いている状態だ。しかも、視覚的には目線より高いか低いかの範囲で、多くの花が咲いている。そのため、花ざかりであってもさほど華やかさは感じられず、極端な場合、目当ての花に気付かれない方も決して少なくない。最も名の通っている馬酔木の花も例外ではなく、その姿をよくご存知でない場合は、横を通り過ぎて来られてから尋ねられることがある。ただ、その理由としてもう一つ思い当たるのは、多くの花そのものが色・形とも比較的地味で、目立たない点だろうか。

境内に咲く花の多くは、「野生」の、またはそれに準ずる品種で、「栽培種」「園芸種」のものは少数派となる。人の目を引くことを考えていない野生種の花は、比較的小さく、量的にも少なく、色も淡い。現在境内にある花の中で、特にそれを感じるのはリンドウだろうか。仏花にもよく使われる店先のリンドウは花が詰まっていて真っ直ぐ伸びているが、野生のそれは弓なりの細い茎にポツポツと花が咲き、色もかなり薄い。そして、他の草に紛れ、それを支えにして咲いている場合が多く、なお目立たない。カワラナデシコも然りである。

先代の住職も、「ここは、今では野山でもあまり見ることのなくなった花の駆け込み寺やな」と、呟きながら、あえてその周りの草を残して手入れをしていた。他にも庭のあちこちに、そういった花が少なからずあるため、造園屋さんに手入れをしていただく際も、あらかじめ花のある場所をお伝えしている。

そして、その花の多くは通路の脇、足元で咲くことが多い。しかし一方で、ヤブツバキのように、塔や本堂裏の山の斜面で自生しているものもあり、とても質素で可憐な花を咲かせているが、こちらは高い位置にあり、見上げないと気が付きにくい。

今回例に挙げたのは、ほんの一部だが、境内を静かに彩る花の多くは、頭上と足元にある。

リンドウ

石の仏に包まれて

浄瑠璃寺のある当尾地域は別名「石仏の里」と称されるほど、石の仏さまがあちこちに祀られている。自然の大きな石に彫られた磨崖仏《まがいぶつ》、切り出した石による石仏、他に石塔の類いも多数あり、正直なところ総数は把握できないほどである。

中でも、名の通った比較的大きな磨崖仏は鎌倉期に集中している。これには時代的な背景があり、平安末期の平重衡《たいらのしげひら》による南都焼討で焼失した東大寺再建のため、中国より招かれた石工集団の子孫がこの近辺に住み着いたためだと考えられている。

古代より、奈良仏教の聖地として信仰が根付いており、加工できる石が多くあったこの地に専門的な職人集団が加わったことで、多くの石の仏が彫られ今日まで伝えられてきた。しかも、生え抜きの職人集団だけでなく、元々地域にいた職人さんが彫ったのではと思われる素朴なものも含め、これほど多くの石の仏のおわす所は日本中を見回してもそう多くはないだろう。当尾地域の場合、一番外側の道をなぞるとおよそ二十キロメートルほどだろうか。多くの方が歩く岩船寺から浄瑠璃寺へと向かう道筋が一般的とされるが、少し回り道をするだけでも趣の違う仏さまと出会う機会は格段に増える。尊名も、祀られている場所も、大きさも様々である。寺の境内、寺院の跡、街道の曲がり角、山の斜面、山間《やまあい》の道端、そして地域の墓地など、それぞれの仏さまによって込められた想いも様々なのだろうが、その原点にある〝お祀りして祈る〟気持ちの部分は、場所や時代に関わらず共通しているだろうと思う。そんなことを思いながら、当尾の里を巡っていただきたい。

また、墓地に祀られている仏さまを訪ねる際には、そこが地域の人々が眠っている場所であることを意識し、最大限の敬意を持って接していただければと思う。それにより、石の仏さまを作り、祀り、今日まで守り伝えてきた人たちの想いに、近付き寄り添っていただければ幸いである。

当尾《とおの》の里の石仏

大門仏谷

長尾の阿弥陀

阿弥陀三尊磨崖像（わらい仏）

藪の中三仏磨崖像

阿弥陀地蔵磨崖仏（からすの壺）

山間の巨岩

供養の姿（亡き人を送る　～前編～）

浄瑠璃寺では、お盆の棚参りに伺う檀信徒さんが約八十軒ある。江戸時代から続いているであろう地元の檀家さんに加え、地域外へ出られた家、そのご親族、他にも様々なご縁で伺うことになったお宅もあり、一部を除いてご家族の誰かが亡くなられた際は葬儀も営ませていただく。

しかし、私が僧侶として伺うようになってからのこの三十年余りの間でも、供養の姿はかなり変わった。形式的な部分でいえば、まず自宅で葬儀をする割合が非常に低くなったこと。土葬から火葬になったことが挙げられる。また、各世代が別々に暮らす居住形態が増え、供養の姿が次世代に伝わりにくくなった、という実態もある。

ここで一つお断りする点として、仏事の作法や方法は個々の場合によって違いがあり、標準といえるものがあるようでない。たとえ同じ宗派で、隣接する寺院同士でも多少差異があり、それは地区ごとにも、また各家庭ごとにもある。ましてや宗派が違うと、さらに多岐に渡るだろう。ここでは、浄瑠璃寺の立場から見た、供養の一例と捉えていただければと思う。

前置きが長くなったが、誰かが亡くなられた報を受けると、まず枕経《まくらきょう》に伺う。枕経は文字通り、亡くなった方の枕元で簡単な作法をし、経を唱え、不安の只中にある故人とご家族・ご親族、そして、その隙を狙う悪霊等に対して、これから仏さまが守り送ってくださることを知らせ伝える意味合いがあるとされる。唱え終わると、ご家族・ご親族に故人の生い立ちや人柄などを伺い、法名（戒名）や、葬儀の際に読み上げる諷誦文《ふじゅもん》（故人を偲びその人柄や功績を讃える言葉）を作る参考とさせていただく。また、通夜や葬儀の日時の調整もこの時にすることが多い。寺に戻ると、葬儀に向け準備を始める。土葬の頃は、自宅より墓地まで行列を組んで向かうため、各々の持ち物や道中の目印など多くの準備物があり、ご近所総出でかかっていただいたが、火葬となってからはかなり少なくなり、更にコロナ禍では参列者も限られるようになってしまった。亡き人を送るという目的は同じでもその有様は急激に変わったといえる。

枕経そのものも多くは個人のご自宅で唱えるが、昨今は様々な事情により葬儀会館で行うことも少なからずある。そして次の段階として通夜を迎えることとなる。

供養の姿（亡き人を送る　～後編～）

通夜式にあたり以前と比べ変わった点を挙げるとすれば、これまでは葬儀の際に勤めていた作法の一部を先立って行うようになったことがある。これには二つの側面があり、その一つは時間的な制約である。以前は、葬儀式の際には二～三人の僧侶が作法と読経を手分けし同時進行で勤めていたが、近年は一人で勤める場合が多い。限られた時間の中で一連の作法を終えるため、通夜と葬儀の両日に分けるようになった。もう一面は、通夜式そのものに儀式的な色合いが濃くなったことである。元々通夜式は、親《ちか》しい人たちが故人との最後の夜を過ごす場であり時間で、我々僧侶の側も読経が中心で、作法的なものはごく僅かであった。しかし、近頃は葬儀に参列できない方が通夜に来られる割合が高くなり、儀式と認識されるようになった。そのため、以前は葬儀のみで読み上げていた「諷誦文」に準ずるものとして、「通夜の諷誦文」を読み上げ、通夜に来られた方にも、多少なりとも故人の人となりを知っていただけるようにしている。

更に作法や読経が終わった後、少しばかりお話をさせていただく。そこで、まずお伝えするのが法名（戒名）の読み方と、その文字に込めた意味や想いである。お名前には故人の人柄やその頃の季節を示す文字を織り交ぜたりするが、この先長い年月を通して残るものでもあり、覚えるのは大変でも、読むたびに故人を思い出したり偲んだりして、少しでも身近に感じていただけるよう、できるだけわかりやすくお伝えするよう心掛けているつもりである。

葬儀式においては、その本分である引導を渡す（故人を仏道に導く）作法と読経を粛々と進め、終わり次第ご家族やご親族をはじめ、参列された方々が最後のお別れをし、出棺となる。その後、霊柩車を先頭に斎場（火葬場）に向かうのだが、地元の自治体には施設がないため周辺の施設を使うことになる。現在は最も近い、最近新設されたばかりの奈良市の施設が基本だが、混雑時や日時の制約がある際には、大阪府四条畷市や京都府宇治市へ向かうこともある。京都の南端という地理的な事情が、三府県にまたがることに繋がっている。元々京都でもあり、奈良でもある地域だが、この場合は大阪でもある。そんな微妙な位置にあることを、改めて感じさせられる。

そして、ご遺族が御骨《おこつ》となった故人を腕に抱え斎場から戻ると、最近はその日のうちに初七日の法要を営むことが多い。枕経から葬儀までが一つの段階であり、この初七日から亡き人の供養は、次の段階に進むことになる。

供養の姿（現世を離れて）

葬儀が終わり初七日の法要を営む際、焼香台の脇に十三仏の絵図の額を置き、まずその説明から始めさせてもらう。初七日より四十九日（満中陰）までの間、宗派や地域によっても違いはあるが、浄瑠璃寺の地元の檀家さん宅では、故人の霊を祀る新しい祭壇の背後に、十三の仏さまが描かれている十三仏軸を掛け供養をする。これは私たち自身も母親の胎内でそうであったように、命が新しい世界に至る過程には七日ごと（週ごと）の節目があり、その節目をうまく乗り越えるため、都度仏さまに力添えをいただくという。この十三仏信仰は鎌倉時代頃から始まり、主に真言系の宗派で広く用いられている。

まず初七日には、亡くなった者、残された者の双方が、〝死〟の事実を受け止め、更にその不安に乗じて魔物が近寄らぬよう、憤怒《ふんぬ》の表情と強大な力を持つ不動明王さんが担当してくださる。その後、二週目（二七日《ふたなのか》）から六週目（六七日《むなのか》）は、お釈迦さま、文殊《もんじゅ》さん、普賢《ふげん》さん、地蔵さん、弥勒《みろく》さんに、仏法の基本を授けてもらいながら導いていただき、四十九日に至った際に、新たな世界を生きるための力である薬を授け、送り出してくださるのがお薬師さまだとする。

ちなみに、死後しばらくは、この世でも次の世でもない不安定な世界と期間があり、それを〝中陰《ちゅういん》〟と呼ぶため、期間が終わる（満つる）四十九日を「満中陰」と称する。また、二週目から六週目の供養に伺うのは、各節目の当日でなく前日の夜で「逮夜《たいや》参り」という。これは例えば、超えるべき節目を通過する時刻が夜明け前（未明）であった場合、目を覚ましてから供養しても間に合わない恐れがあり、あえて前日の夜に済ませておくとされている。通常、檀家さんのお宅に伺うことは少ないが、亡くなられてから四十九日までの間は、七日ごとに伺うこととなり、お互い普段はしない話にまで至る期間でもある。

こうして四十九日を終えると、壇を片付け、位牌を仏壇に移し、ここからは御先祖さまとしてお祀りすることになる。十三仏軸もこの日で片付けることになるが、仏さまそれぞれには、百か日、一周忌、三回忌とそれぞれの節目を導いていただき、三十三回忌の虚空蔵菩薩さまをもって、供養の一つの締め括りとする。

それぞれの仏さまの順序や役割、立ち位置などにも意味があり、法要の際には簡単にお話しするよう心掛けてはいるが、同時にお願いしているのは、仏壇の前で今こちらの世界にいる者が、その様子をできる限り伝えてほしいという点でもある。残った者がこの世でしっかりと過ごしている姿を伝えることが、最高の供養ではないかと思うゆえに。

道端の無縁仏

癒される風景と光景

現在は期間が限定されているが、数年前までは奈良からの直通バスが毎日運行されていた。そのバスが浄瑠璃寺口の交差点を曲がると、田畑と集落、そして背後に奈良の春日、奥山を望む風景が広がる。

このバスに乗って何度も来られていた方々から、「浄瑠璃寺口を曲がりあの風景が広がると、故郷《ふるさと》でもないのに帰ってきたような気がして、ほっとする」といった意味合いの言葉をよく聞いた。日本の原風景と称される場所に足を運ぶと、そう感じる人は少なくないだろう。

実際、奈良県から京都府に入ると、ここ数十年の間に新興住宅地や大規模商業施設（ニュータウンとショッピングモール）が道の両側に建ち並び、「来るたびに景色が変わっている」といわれる状況なので、余計そう感じるのかもしれない。

「癒される風景」と捉えるのは、ここで暮らしていてもわかる気がする。細かく見れば、道は広くなり、集落の中にも現代的な家が建つなどして変化しているのだが、風景全体の構図は昔からさほど変わっていない。道中の変化の速さと比べれば、時の流れはかなりゆっくりに見える。また、現時点では広がる田畑のほとんどが耕作されており、それも昔からの風景を感じられる一因となっている。しかし、昨今の農業事情からすれば、田畑を維持することにも相応の苦労がある。各地に残る田園風景を目にする際には、そんな部分にも想いを馳せていただければと思う。

寺の門前においても、この半世紀ほどの間、風景は大きく変わっていない。さらに、門前のバス停付近より寺にかけての一帯では、風景に加えて、ある存在が「癒しの時間と空間を感じられる光景」を醸《かも》し出しているそうだ。私自身は〝SNS〟の類いとは、ほぼ無縁の日々を送っているので、見聞することはないのだが、この辺りに暮らす「猫」が話題になっているという。

大きく分けると、門前の土産物店付近と、寺の境内との二つの集団があり、周囲にも小さな集団がいくつか存在する。その多くは、この辺りに住み着いた野良猫とその子孫だが、時折、突然見知らぬ猫（捨て猫?）が増えることもある。食べる物と雨風を凌《しの》ぐ空間は、おおよそ確保されているが、それ以上でも以下でもない環境で暮らしている。寺の境内に限れば、先々代（私の祖父）の頃から猫は暮らしており、増えたり減ったりを繰り返し、現在に至っている。

元々猫は、経典をネズミから守るため大陸から連れてこられたとされ、寺院とは縁のある生き物だが、昨今では癒される存在として求められているようだ。門前の猫、境内の猫、ともにそれに会うために来られる方も決して少なくない。

また一方で、野良猫が社会問題として捉えられ、特に都市部や住宅地では、保護活動の団体もありそれに関わる方が来られることもある。ただ、都市部とこの辺りでは、状況に似て非なる部分があり、門前と境内でも少し立ち位置が違うと感じる。

猫も人も、内在するものは千差万別。その全てにおいて、きめ細やかな関わり方が大切だと思う。

千の仏、無限の祈り

九体阿弥陀仏の中尊像の光背《こうはい》には、千体の小さな阿弥陀さまが配され、「千体光背・千仏光背」などと呼ばれている。この光背は後補のもので、以前より江戸時代に制作されたといわれてきた。そして、令和二年度に実施された修理の際に、取り外された光背の裏側に記されていた文章でそれが裏付けられた。そこには、寛文八（一六六八）年、当時の住職であった実秀を願主に、弟子三人とともに制作した旨が彫られていた。約三百五十年前のことである。

今回の修理の際には小さな阿弥陀さまを全て取り外し、埃などを払い、歪みを直し、再び取り付けたという。また、小さな像（手のひらに収まるほど）の背中側に、人名が記してあった。千体の阿弥陀さま一体一体にも願主が存在し、その集合体として千体光背が制作されていた。

更に遡ると、中尊像の制作された平安時代には、その胎内に大量の阿弥陀さまの版画が収められていたようである。その版画は二種類あり、十二体一版で、印鑑のように押す「印仏《いんぶつ》」と、百体一版で摺り上げる「摺仏《すりぶつ》」で、明治期の修理の際、相当数発見され、その後巷《ちまた》に流出してしまった。かなり以前に、地元の古老の方より伝え聞いたところでは、本堂の片隅に積み上げてあったものを近所の方や参拝の方に惜しげもなく配っていたという。今にして思えば、大胆で太っ腹な振る舞いだと思うが、当時の感覚ではそれが普通だったのかもしれない。そして、この版画は一時全てが寺外に出てしまった。

その後、寺に残っていないことを知った方などからのご奉納があり、現在はほんの数点だが寺内にも存在している。発見時には、相当数あったといわれているが、実際多くの博物館や美術館、そして個人、更には古美術のオークションなどにも時折出展され、広く出回っていることを感じさせる。

ちなみに出回っている中に、長治二（一一〇五）年の年号が記されているものがあり、製作年が判明している仏像版画の中では国内最古であるとされている。当時、多くの人たちが、この版画に何かしらの祈願の気持ちを込め、奉納し、阿弥陀さまの胎内に収めたのだろう。江戸期の千仏光背にも通ずるが、強大な名の通った権力者が作った形跡が見られないこの寺は、こうした多くの人の祈りが積み重なり、今日に至っているのだろうと思わせることがいくつもある。そしてそれは、現在においても然りであると思う。

西方九体阿弥陀如来像（九体阿弥陀堂内）（国宝）　藤原時代

現存する像としては唯一となる平安期の九体阿弥陀仏。西の本尊で未熟な私たちを理想の未来へ迎えてくれる如来である。"観無量寿経" にある九品往生（くほんおうじょう）で、人間の努力や心がけなど、色々な条件で下品下生（げほんげしょう）から始まり、下の中、下の上と最高の上品上生（じょうほんじょうしょう）まで九つ往生の段階があるという考えに基づき、九つの如来が祀られた。但し、段階を示す像容の差異はない。

亀のクロちゃん

浄瑠璃寺の池を住処としている生き物の筆頭は、おそらく鯉《こい》だろう。かなり以前は、鮒《ふな》もいたように記憶しているが近頃は見ることがなくなった。いつの頃からこの池で暮らしているのかよくわからないが、先代（父）の世代の方々が、子供の頃に魚釣り遊び（釣っては返す）をされていたと聞いたことがあるので、昭和の初期には存在したと思われる。当然、私が子供の頃も然りだが、その頃はたくさん目にしていて、最近見なくなったのはアメリカザリガニである。原因はよくわからないが、その代わりに増え、今では鯉と勢力を二分しているのではと思うのが亀である。

亀そのものは以前から暮らしていたはずだが、増えたのは主に外来種だ。ミドリガメ、アカミミガメなど、縁日の屋台で売られていたものが予想外に大きくなり、手に負えなくなって、ここに連れて来られたものと、その子孫になる。たまにパンの耳などを放り込むと、鯉と亀のかなり激しい取り合いとなる。

鯉に関していえば、一時、赤や白の色のあるものがいたこともあるが、今は全くいない。何度か、放生《ほうじょう》したいとの申し出をいただき、放したことはあるのだが、残念ながら全て鷺《さぎ》によって絶命してしまった。到底食べることができない大きさでも反射的になのか、そして目立つためか、その都度餌食となってしまったため、最近は中し出をいただいてもお断りしている。

亀はいうまでもなく、繁殖力の強い外来種ゆえ、瞬く間に主流派となってしまい、以前から暮らしていたはずの日本固有の種はほとんど見ることがなくなってしまった。また、永らくスッポンも住んでいたのだが、令和四（二〇二二）年から姿を見なくなった。環境の変化で住処《すみか》を変えたのか、寿命が尽きたのか、こちらも理由はよくわからない。そしてもう一匹、〝クロちゃん〟と呼んでいる、頭の黒い日本の固有種と思われる、とても動きの遅い亀もこの池で暮らしているはずなのだが、令和五（二〇二三）年の春、この原稿書いている時点ではまだ目にしていない。以前、塔に侵入したアライグマもそうだが、最後まで責任を持てなかった生き物が様々な場所で生態系を荒らし、被害を生んだりしている。これは、動植物や水生生物だけでなく、日常で使われてきたプラスチックなどにも通ずる問題だと思う。今、自分が手にしているモノの最後を想像

できるか否か。とても大事な物差しだと感じる。
おっとり者で小心者のクロちゃんは、どこに潜んでいるのだろうか。

あしび（馬酔木）の憂鬱

浄瑠璃寺とあしびは、とても縁が深い。あしびは漢字で「馬酔木」と表し、可憐な花の姿とは裏腹に毒性があり、動物（人間も含め）が摂取すると危険な植物でもある。この近辺では、奈良公園やその周囲の山間に多数自生しているが、他の植物が鹿の食料となり存続しにくいのに対し、その毒性ゆえ、食べられることがないためだといわれている。奈良と隣接するこのあたりでもよく見られるが、寺の境内ではことのほか多いように思える。一部を除き、生えている場所や様子から自生しているものがほとんどのようだ。その中で、一部の人為的な部分は主に参道脇に並ぶあしびである。これも元々は、境内や周辺の山にあった自生のものだが、昭和四十年頃、それまでの松並木が枯れた跡に移植したと聞いている。

そもそも、あしびとこの寺が結び付けて見られるようになったのは、昭和になってからだと思われる。作家の堀辰雄、俳人の水原秋桜子、といった文化人の作品の中で取り挙げられるようになり、「浄瑠璃寺の花といえば〝あしび〟」が、広く知られるようになったようだ。

しかし近年、このあしびにも樹勢の変化が見られる。特に顕著なものは、参道に移植された分と境内でも日当たりの良い場所に生えている分で、本来深緑の葉が焼けたように黄色みがかった色となり、絶対量も減ってしまった。原因は、ここ数十年でかなり強くなった日差しのためと考えられている。これはあしびだけでなく、椿など別の樹木でも一部見られる症状で、それまで自然に任せていたものも、日除けや花摘み（木の負担を少なくするため）、肥料やり等をしていただくようになった。

考えてみれば、この半世紀ほどで気温は上昇し、日差しはとても強くなり、本来山林の中で自生していたあしびには従来はなかった負担が掛かっているのだろう。文明と呼ばれるものが急激に発達したことにより、様々な弊害が指摘されている。「速い・安い・便利」を追求し続けた代償は、実はとても大きく恐ろしい…。理屈ではわかっていてもなかなか踏みとどまれない。昔に戻れないのであれば、後の世代に恨まれることのない新しい生活形態を考える責任が、今を生きる者にはある。

あしびだけでなく、野山の草木が枯れ果ててしまわぬように。

先人からの伝承、後進への伝言

浄瑠璃寺と同じ宗派である、真言律宗の古刹、奈良坂の般若寺境内の十三重石塔の四面には、〝薬師《やくし》〟〝釈迦《しゃか》〟〝阿弥陀《あみだ》〟〝弥勒《みろく》〟の四つの仏さまがそれぞれに彫られている。また、明治以前の本山であった興福寺の五重塔内にも、これらの仏さまが四方に祀られている。これは〝顕教《けんきょう》四《し》方仏《ほうぶつ》〟といわれ、仏の世界観の一つとして、時折目にすることがある。四方のうち、東西の薬師と阿弥陀は「相対的な時間軸」として、南北の釈迦と弥勒は「絶対的な時間軸」として、生死観や教義の繋がりを表している。

具体的には、朝日が昇る東方より薬師さまに送り出され、やがて夕日の沈む西方《さいほう》で、阿弥陀さまに迎えてもらう生死観は、過去のご先祖、現在の私たち、未来の子孫、いずれにも通ずる相対的なあり方で、一方、二千数百年前に現れ、生き方を説かれたお釈迦さまは、歴史上の過去の存在であり、遠い将来、出現するとされる弥勒さまは、未来に存在するという絶対的な時間軸の流れの中に位置付けられる。

浄瑠璃寺においても、東西の時間軸が境内の伽藍上にあり、南北の時間軸は、平成に建立された飛び地境内の地蔵堂で、新たに付け加えられている。お釈迦さまが入滅されてから、弥勒さまが現れるまでの長い期間は、無仏《むぶつ》（仏のいない）の時代とされるが、この空白期間を担い、人々を救い導いてくださるのが地蔵さまだという。その地蔵さまを境内の北方の地にお祀りし、更にその北側に、将来の弥勒さまを祀るお堂が建立できればと考えている。これは、先代住職が温めていた構想でもある。

こうした顕教の位置付けに加え、境内に建つ潅頂堂《かんじょうどう》には、密教（真言系）の中心の仏であり、宇宙全体の真理であるとされる大日さまを祀っている。顕教と密教、この二つの教えが重なって、浄瑠璃寺全体の世界観となっている。

近年は、「この宗派ならご本尊はこの仏さま」といった捉え方をする場合（仏壇を選ぶ時などが顕著だろう）が多いが、仏教が伝来してから平安時代頃までは、様々な教えや様々な仏が混在するのが当たり前で、多くの僧侶もいくつもの教えを兼学していた。それゆえに、一つのお寺の中にも種類の違う仏さまがいくつも祀られていた。それに対し、鎌倉新仏教と呼ばれる各宗派が成立する過程では、教えを絞りご本尊を特定していく傾向が進み、祀られる仏さまも限定されていく。多くの仏さまが存在する教えの体系は、大多数の人々が理解するのには、複雑すぎる面もあっただろう。ゆえに一つの教え、一つの仏に絞った簡潔な形が、多くの民衆に受け入れられ、現在まで続く宗派の形が成立したと考えられる。

しかし、江戸時代になると檀家制度が取り入れられ、生まれた場所や家により、菩提寺と宗派が決まってしまうことになる。そこに選択の余地はなく、初めから所属する宗派が決まっている。その制度は今も一定数残っており、特定の宗派がその家の宗派となる。ただ、自分の家の宗派をご存知でない方もいらっしゃると思う。できれば必要に迫られてからでなく、日常から宗教や宗派のことに、多少なりとも興味を持っていただければと思う。仏教だけを見ても、日本に伝わってから多くの変遷を経て、今の体系となっている。同じ宗派の中でも、いくつにも枝分かれしていることも多い。これは私達僧侶にもいえるが、正直自分の寺の宗派以外と接する機会が少なく、わかっていないことも多い（自分の宗派ですら心許ないが）。

宗教に限った話ではないが、全体の姿と、今自分がいる位置を俯瞰《ふかん》的に見る習慣を持つことはとても大切だと感じる。偏りすぎず、こだわりすぎず、広い視野と気持ちの余裕を持って。

神仏の前で

法事、法要などの席で、檀信徒の皆さんと経本を読む際、最初に『懺悔文《さんげもん》』という一文を唱える。それから般若心経や観音経などの主たる経に移る。これは、経を唱えるにあたって、まずこれまでの悪業《あくごう》（してはいけない行為）を懺悔することから始めます、という宣言である。私たちは、神仏の前で様々なことを祈り願う。しかし、考えてみれば、それはこちらからの一方的な想いや行為であり、それを双方向のものとするのが、冒頭の一文である。日常において、「やってしまった」「こうすればよかった」と思う、意識している悪業のみでなく、無意識のうちに積み重ねている悪業も含め、その一切を省みて、悔い改めようとする姿勢が大切だとする。

そして、この姿勢を基に行う法要を「悔過会《けかえ》」と称する。古来、様々な寺院で厳修されてきたが、多くの人が知る、今でも続く歴史ある法要が、東大寺の「お水取り」と呼ばれる「十一面悔過会」だろう。他にも、「薬師悔過会」「吉祥天悔過会」といった法要が、南都の諸大寺をはじめ、各地で盛んに営まれていたという。

浄瑠璃寺にも吉祥天女像が祀られているが、おそらくかつては年頭にあたり、前年の行為を懺悔し、新年の幸福を祈る、悔過の法要が厳修されていたと考えられる。

吉祥天は元来、「海の水の精」であるがゆえ、懺悔した後に、まず天候の安定「風雨順時」、作物が実る「五穀豊穣」、そして世の中が落ち着く「天下泰平」などを祈願したといわれている。また、当寺の吉祥天は厨子に安置されていたので、法要の性格上扉を開けるのは年頭の限られた期間だったと思われる。祀られてから八百年を経ても、彩色が残っているのは、そのためだろう。

明治期以降、東京国立博物館（旧・帝室博物館）に預けられ、その後昭和二十年代後半にお寺に戻られてからは年に三期間厨子を開扉することになったが、参拝の方には願い事をするのであれば、まず懺悔から始めてください、とお伝えしている。そしてこれは、他の仏さまや神さまと対峙する場合も然りだと考え、社寺を巡っていただければ有り難い。自身を振り返り、見直すという謙虚な姿勢を忘れない。これは個人だけでなく、大きな集団においても、また神仏に対してだけでなく、何事に対峙する場合でも大切なことかもしれない。

秘仏 厨子入 吉祥天女像（重文） 鎌倉時代

[開扉日：1月1日～1月15日、3月21日～5月20日、10月1日～11月30日]

五穀豊穣、天下泰平など、豊かな暮らしと平和を授ける幸福の女神・吉祥天。南都の寺々では古来より正月にそのような祈願の法要をするのが伝統で、吉祥天の像が多い。当寺の像は建暦2（1212）年に本堂へ祀られたことのみが記録に残されている。

厨子の周囲には、梵天、帝釈天、四天王·弁財天と四神といった諸像が見事に描かれている。（現存する厨子絵は原本を元に昭和51年に復元模写されたもの）

新参者

現在、浄瑠璃寺が属している宗派は、大和西大寺を総本山とする「真言律宗」である。この宗派は、鎌倉時代に台頭した、いわゆる新仏教に対して、原点である「釈迦に還《かえ》れ」を軸とした教義を広めた流れであり、西大寺を復興し拠点として活動した「興正《こうしょう》菩《ぼ》薩《さつ》叡尊《えいそん》」を宗祖とする。叡尊上人は、真言の僧として歩んでおられたが、真言僧の中には道を踏み外す者が決して少なくない現実を目の当たりにし、その原因として守るべき戒律がおろそかにされているからだと分析された。そして、真言と戒律が車の両輪であることが重要であると説き、実践をされ、それが今に続いている。

基盤は奈良であったがゆえ、絶対数は多くないが、その流れを汲む末寺が、今も九州から東北にかけて点在している。また、奈良界隈においても、廃れていた寺院が叡尊上人により復興された例はいくつもある。民衆救済の拠点であった般若寺をはじめ、百毫寺《びゃくごうじ》・海龍王寺《かいりゅうおうじ》・不退寺《ふたいじ》・福智院《ふくちいん》などの古刹は、当時からのいわば生粋の真言律宗の寺院であり、その頃の宗祖の肖像が今に伝えられているところも少なくない。

それに対し、浄瑠璃寺も肖像は有しているが、それは昭和の後半に制作され安置されたものである。理由は、真言律宗に属したのはその長い歴史からすればごく最近で、宗内では新参者であるためだ。明治初頭の神仏分離や廃仏《はいぶつ》毀釈《きしゃく》の嵐の中、それまでの本寺であった興福寺がその立場を果たせなくなり、どこかに属することが寺の存続条件であった際に、匿《かくま》ってもらったのが西大寺であった。しかし、その西大寺も独立した宗派ではなく、真言宗の中の一寺院として扱われていた。当時は仏教の宗派そのものが国の指定した七つに絞られ、様々な締め付けがまかり通っていた。個々の独自性や多様性を認めない、息苦しい時代だったと思われる。

奈良仏教の中枢にあった歴史ある他の大寺も同様で、幾多の辛苦の末、独立の地位を獲得され今があるという。その時々による変革や改革は否定されるものではないが、それまでの流れや積み重ねを認識、理解した上でなければ、それは単なる粗暴な行為となってしまう。公私や規模の大小に関わらず、忘れてはならない歴史の教訓だと思う。

#「諸説あります」

テレビ番組等で、何かの事象を紹介する際、「※諸説あります」の字幕が入る。長い歴史を経た事象では、その起源や意図が定かでない、確定できないことが少なくない。いや、客観的に見れば、ほとんどのことがそうかもしれない。

浄瑠璃寺もその例に漏れず、確定できないことはあちこちにある。まず寺の創建についても諸説ありとされている。寺の参拝の栞をはじめとして、多くの場合は根本史料といえる『浄瑠璃寺流記』の記載から、永承二（一〇四七）年説を取っている。しかし、他の資史料では、天平（奈良時代）や天元（平安時代中期）の記載もあり、合計三つの説がある。これは、何をもって創建とするかにもよるもので、考え方次第ともいえる。

また、本尊である九体阿弥陀仏の造立、本堂の建立についても、幾つかの説や見解がある。本尊についていえば、まず大きな中尊が作られ後に八体が追加された説や、九体がまとめて作られた説があり、本堂もそれに倣って、一体だけのお堂から始まった説と、初めから九体のお堂であった説、さらにはお堂が建てられた場所についても、当初は別の場所に、または初めから今の場所という説がある。これは、残っている史料の文言をどう解釈するかの部分もあり、より客観的な事実が判明しないと、確定できない。

そんな中で、平成の終わりに行われた発掘調査で、ほぼ確定できた史実として、本堂が現在の地に建立された年代がある。前述の『浄瑠璃寺流記』によれば、保元二（一一五七）年に池の西岸に移建したとあるが、盛土や堆積物の状況より、この年号でほぼ間違いないだろうとの分析をしていただいた。それ以前の本堂の状況には不明な点が残っているが、とりあえず一点だけでも判明したのは、地味なようで大きな成果だったといえる。加えて、本堂建立前の池の様子も、これまでは池を掘り、形を整えたとされていたが、実際には池の一部を埋めていたこともわかった。今でも充分広い池だと思うが、さらに広かったことになる。

阿弥陀仏については、五ヶ年をかけて九体とも修理をしていただいたが、残念ながら諸説を裏付けたり、覆したりする事実は見つからなかった。しかし、九体それぞれの技法に違いがあるなどの点が見受けられ、また室町期に新たに作り直された両脇仏の光背も当初の部材の一部を再利用してあり、その時代ごとの人たちの工夫や苦労を感じることができた。

事実を裏付けるためには、やはり詳細な記録が大切だと感じると同時に、後世に対して残せるものはしっかりと残していかなければとも思う。

阿弥陀如来中尊像（国宝）　**藤原時代**

本堂内の中央に座す、ひと際大きな中尊像。

東の三重塔の薬師如来像と対面するように配されている。背後には千体の阿弥陀仏の化仏と四体の飛天が控える。光背そのものは寛文８年（1666）年の後補のものだが、上部両側四体の飛天は藤原時代の当初のものである。像の胎内に納められていたとされる阿弥陀仏の印仏（いんぶつ）や摺仏（しゅうぶつ）が明治期に巷に多く流出した。

九体阿弥陀如来像（脇仏八体）

北２像

北１像

北７像

北６像

北 4 像

北 3 像

北 9 像

北 8 像

人の縁・仏の縁

先代の住職がお薬師様の話をする際、過去の世界から現在の世界の説明として命の繋がりをよく例として挙げていた。要点でいえば、自身を起点として時間を遡《さかのぼ》れば父母がいて祖父母がいる。一代ごとに最低でも倍々に増えていくので、単純計算でも十代遡れば千人を超える直系のご先祖が存在することになる。もちろん十代で終わることはなく、遡れば遡るほど増えていくのでやがて膨大な数となる。

そして、それ以外にも多くの人と様々な出会いがあり繋がりがある。私個人においてもご近所から始まり、保育園、小学校、そして大学までの恩師、同級生、先輩、後輩、それも在学中から続く付き合いもあれば、後になってから別方面を経由して繋がるご縁も沢山ある。全てを記していると自分史になってしまうが、歳を重ねるほどこんなにも多くの人と何かを通して繋がっていたのだと思わされることが増えていく。

そして、それは仏様の世界でもあるようだ。先般伺った奈良国立博物館で、特別公開されていた同じ宗派の奈良不退寺の聖観音さまと、現在は文化庁所蔵となっている同形式の観音さまも、不思議なご縁に導かれ並んでおられた。この二体は遠い昔、不退寺においてご本尊の両側に立つ脇侍《わきじ》として対で祀られていたであろうという事実が少し前に判明し、この度不退寺の像が修理のために寺を出られたのを機に、博物館において久方ぶりに再会されたという。

また、浄瑠璃寺においても、明治期に寺より流出したとされる十二神将像があり、長年の間いくつもの施設や個人の所蔵として散逸していたが、つい最近になって、東京国立博物館と同じく東京にある静嘉堂文庫美術館の二カ所に集約されるに至った。その後、平成二十九（二〇一七）年に東京で開催された「運慶展」において一同が揃われ、私も足を運びお会いすることができた。先代・先々代ともに、流出の事実とその後の経過は知っていたと思うが、一同を拝することはなかったので正直感激したのを覚えている。この十二神将像も流出以前の記録はなく、どのように祀られていたのか不明だが、明治期の廃仏毀釈後の混乱に乗じて何度かに分けて持ち出されたようだ。そして、代わりに置いていかれた小さくとても質素な十二神将の像が、今も本堂裏の片隅で静かに佇んでいる。傷みが激しく自立できない像も何体かあり、いずれ修理のうえ歴史の証人（証像？）として、多くの人に拝していただければと思っている。

また、流出した元々の十二神将像だが、この度縁あって奈良国立博物館に一同揃われることになり（令和五年夏、「聖地・南山城展」において）、寺の秘仏である薬師如来さまと奈良の地で再会していただくことになった。寺で祀られていた形は不明だが、十二神将は元来、お薬師さまの眷属《けんぞく》として周囲を護《まも》るのが本業なので、合わせて祀られていた可能性が高いゆえのことである。先の不退寺の像よりは短いかもしれないが、およそ百五十年ぶりの再会となる。

その時々の情勢や状況により、離れ離れになったそれぞれが長い年月を経て出会うご縁。最初の出会いがあり離れることがあり、また再び出会う。我々も仏さまも悠久の時間の中でそれを繰り返し、今があるのではと思わされる。出会いは運ではなく、やはり縁であるのだと改めて噛み締めたい。

クロちゃん後日談

先の原稿を書いている時点では、姿を見せなかった亀のクロちゃん。他の多くの亀や鯉に遅れること約一ヶ月。具体的には四月十七日の夕刻、この春初めて姿を見せてくれた。この日は寺の恒例の春の法要「本尊会式《ほんぞんえしき》」の前日でもあった。この日に間に合うようにと思ったわけではないだろうが、少し意味ありげな現れ方とも思える。とりあえず食パンを一枚持ってきてちぎってあげてみたが、今まで同様気持ちはあれどたどり着けない。たどたどしい動きと仕草は健在だった。

その後も時折姿を見せてくれるが、余程うまく他の亀や鯉を別の場所に誘導しない限り、餌を投げてもたどり着けずありつけない。逆にたどたどしいままで長年暮らしていることが、逞《たくま》しく感じるところもある。

あとがき

『浄瑠璃寺流記』によれば、寺の創建より今年（令和五年）で九百七十六年、あと四半世紀で千年を迎えることになる。私自身はここで生まれ、今年で六十二歳となるので寺の歴史のおよそ十五分の一を過ごしたことになる。先代住職は七歳より八十四歳までだったので、七十七年間の在寺だった。

昭和以前のこの寺の従事者と、その在寺期間の記録はほとんど判明しないが、先代より長い期間住した者はおそらく居なかっただろうと思われる。もちろん、長ければ良いわけではないが、一つ言えるのはそれなりの期間の寺の歴史を残せる可能性である。正直、私も先代も記録をしっかり残す性分ではなく心許ないところはあるが、後世に向けてできる限り、心情的な部分も含め、少しでも詳細な記録を伝えることが大切だとの思いは年々強くなっていた。これは、近頃公的な機関等で記録の改ざんや紛失、廃棄といった、後に続く者への配慮に欠ける事案が続いたことも影響しているかもしれない。また、各分野でデータとして膨大な量の記録が蓄積されている面はあるが、長い視点からすれば紙媒体が残る可能性は歴史が示している。

そこにこの本の執筆のお話をいただき、不安はあったが、後世に多少なりとも形として残せればとの思いからあれこれと記させてもらうこととなった。貴重な機会とご縁の橋渡しをしてくださった僧侶仲間、初めての経験に対しご指南いただいた出版社の方々、さらには執筆の最中に思い浮かべた全ての方々に感謝するばかりである。

合掌

浄瑠璃寺花ごよみ

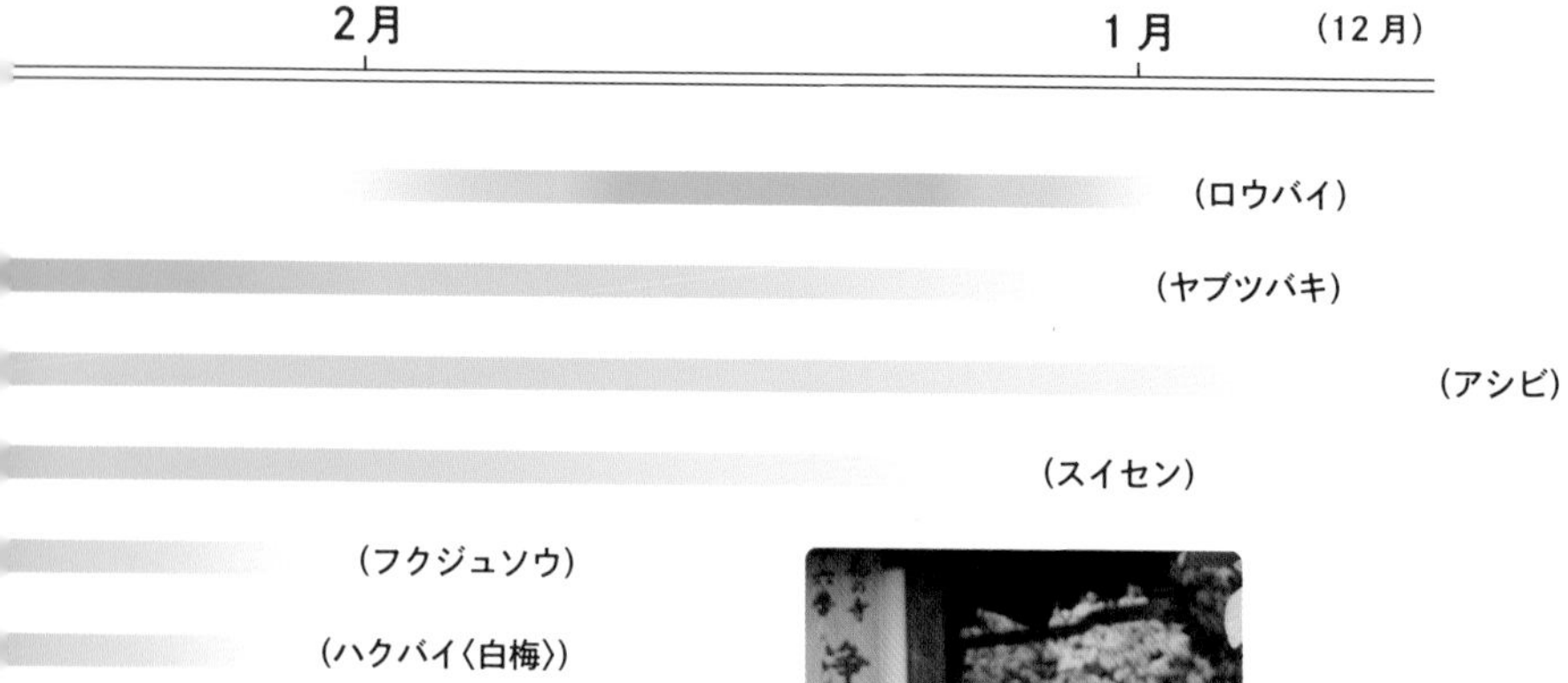

クサボケ

フクジュソウ

アシビ

ロウバイ

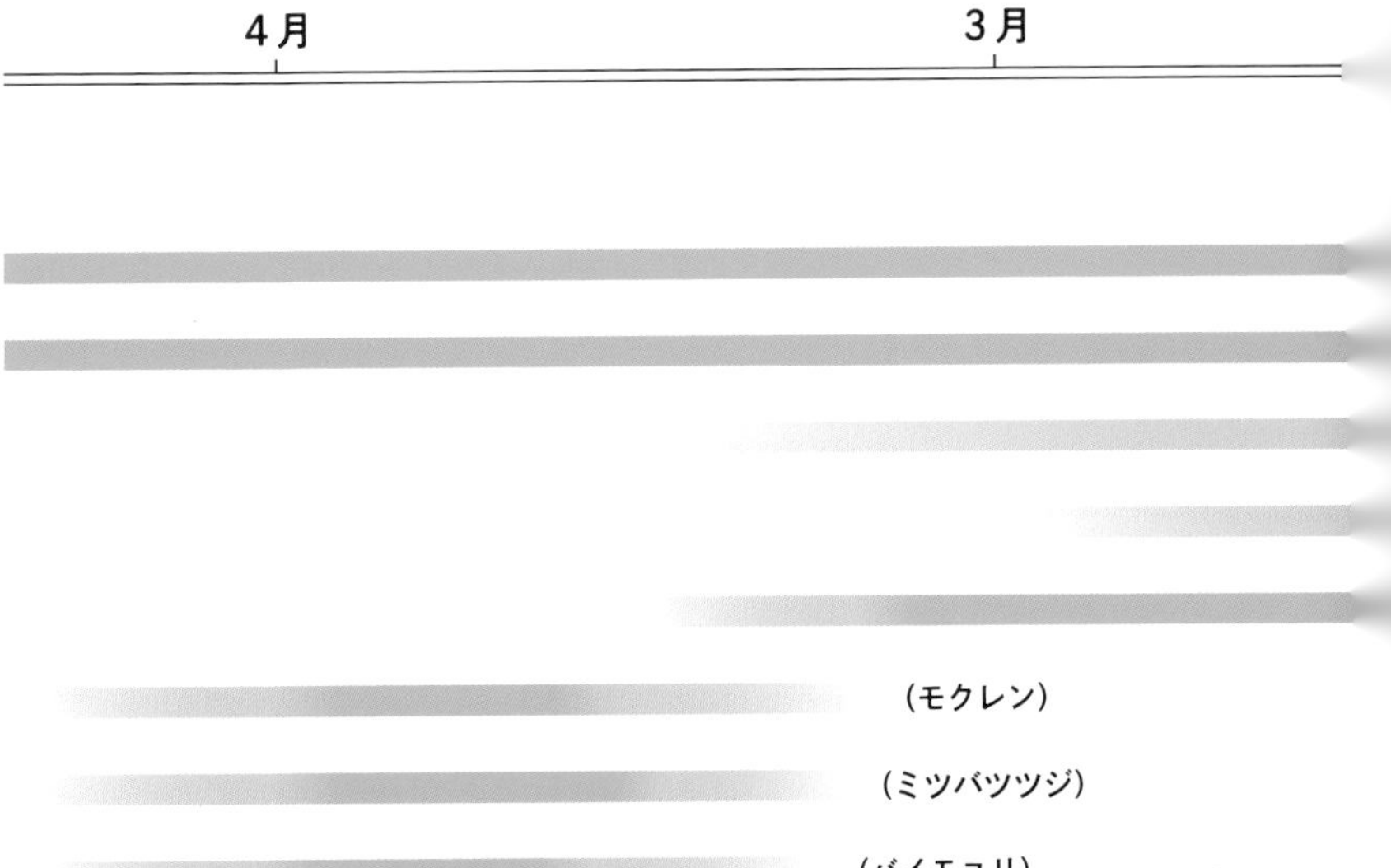

ウメ

マンリョウ

センリョウ

5月
4月

(シラン)
(ヤブツバキ)
(アシビ)
(ボケ)
(タンポポ)
(キンポウゲ)
(ビックリグミ)
(シャガ)
(シャクナゲ)
(ウワミズザクラ)
(ドウダンツツジ)
(スズラン)
(オオデマリ)
(ガマヅミ)
(アザミ)
(シイ)
(キショウブ)
(カナメ)
(ユキノシタ)

ツバキ

キキョウ

ヒラドツツジ

7月
6月

(ハナミョウガ)
(ドクダミ)
(ヤマアジサ
(ヒツジグサ
(ナンテン)
(キョウガノコ)
(ガクアジサイ)
(アジサイ)
(キキョウ)
(ヤブカンゾウ)
(ヒメヒオウギ)
(ギボウシ)
(カワラナデシコ)
(ネム)
(ハナトラノオ)
(クチナシ)
(ミズヒキ)
(コオニユリ)

ギボウシ

オミナエシ

ムラサキシキブ

8月　　　　　　　　7月

(ガクアジサイ)

(アジサイ)

(キキョウ)

(ヤブカンゾウ)

(ヒメヒオウギ)

(ギボウシ)

(カワラナデシコ)

(ネム)

(ハナトラノオ)

(クチナシ)

(ミズヒキ)

(コオニユリ)

(ヒツジグサ)

(キンミズヒキ)

(マンリョウ)

(ムクゲ)

(シュウカイドウ)

(サルスベリ)

(フヨウ)

(スイフヨウ)

(ヤブラン)

ヒツジグサ

クサギ

フジバカマ

10 月　　　　　　　　9 月

フヨウ

ヒガンバナ

ヒメヒオウギ

10月	9月

(フヨウ)
(スイフヨウ)
(ヤブラン)
(ヒヨドリバナ)
(ツユクサ)
(タデ)
(シオン)
(シュウメイギク)
(フジバカマ)
(ホトトギス)
(ミゾソバ)
(ヨメナギク)
(ワレモコウ)
(コンギク)
(リンドウ)

コスモス

(ナンテン)
(センリョウ)
(マンリョウ)
実

ホトトギス

12 月　　　　11 月

コンギク

シロホトトギス

ミゾソバ

（紅葉／カエデ）

浄瑠璃寺略年表

時代	和暦（西暦）	
平安時代（藤原時代）	永承二（一〇四七）年	浄瑠璃寺創建（西小田原寺として）
		［願主 義明上人 本尊 薬師如来］
	長治二（一一〇五）年	九体阿弥陀如来中尊像の胎内印仏（墨書年号）を制作
	嘉承二（一一〇七）年	新堂の建立（現阿弥陀堂か？）
	嘉承三（一一〇八）年	新堂建立の総供養の法要（導師 東小田原寺 経源《きょうげん》による）
	久安二（一一四六）年	食堂、釜屋を造立
	久安六（一一五〇）年	興福寺 恵信が入寺、伽藍整備
	保元二（一一五七）年	本堂を西岸（現在地）に移築
	平治元（一一五九）年	十万堂の建立（一間四面）
	承安元（一一七一）年	十万堂を改築（三間四面）し秘密荘厳院と改名
	治承二（一一七八）年	鐘楼建立、三重塔を京都一条大宮より移築、空心を導師として供養
	文治四（一一八八）年	春日大明神勧請

鎌倉時代	建仁三（一二〇三）年	楼門・経蔵・閼伽井を上棟、笠置寺 貞慶を導師とし千基塔供養
鎌倉時代	元久二（一二〇五）年	少納言法眼、立石等庭園を改修
鎌倉時代	建暦二（一二一二）年	吉祥天女像本堂に安置
鎌倉時代	貞応二（一二二三）年	南大門造立
鎌倉時代	延応二（一二四〇）年	真言堂（旧十万堂）改築（五間四面）、醍醐座主 実賢を導師として供養
鎌倉時代	仁治二（一二四一）年	馬頭観音像造立　願主 禎舜（仏師 良賢・増金・観慶）
鎌倉時代	永仁四（一二九六）年	奥之院線刻不動明王像・堂前石鉢を造、天川弁財天勧請
鎌倉時代	応長元（一三一一）年	護摩堂建立、不動明王三尊像を安置
南北朝	観応元（一三五〇）年	長算が『浄瑠璃寺流記』を編纂
南北朝	貞治五（一三六六）年	三重塔前石灯籠（刻年）
室町時代	応永十七（一四一〇）年	池の修造（四日間延べ四百五十人）
室町時代	文正元（一四六六）年	脇仏光背新造
室町時代	文明七（一四七五）年	大湯屋を修理、石船を新調
江戸時代	元和八（一六二二）年	袋中上人が一切経を買い請け
江戸時代	寛永二（一六二五）年	乗秀が『浄瑠璃寺縁起』を編纂

時代	和暦（西暦）	
江戸時代	慶安五（一六五二）年	大日如来灌頂堂の建立　願主　実乗
	寛文六（一六六六）年	本堂屋根を桧皮葺より瓦葺に改築
	寛文八（一六六八）年	九体阿弥陀如来中尊像の千仏光背造
	天明七（一七八七）年	『拾遺都名所図会』刊
	嘉永七（一八五四）年	灌頂堂屋根を茅葺から瓦葺へ改築
	明治元（一八六八）年	興福寺との本末関係を解消、無本寺となる
	明治七（一八七四）年	西大寺末に編入（住持　小田真賢）
	明治三十一（一八九七）年	阿弥陀堂、三重塔、九体阿弥陀如来修理・修復開始
	明治四十一（一九〇七）年	修理完了、供養の法要（住持　丸山宝船）
	大正三（一九一四）年	丸山宝船遷化（死去）
	昭和十二（一九三七）年	阿弥陀堂、三重塔修理・修復
	昭和十四（一九三九）年	佐伯快龍が入山
	昭和二十七（一九五二）年	文化財保護法による国宝指定（本堂（阿弥陀堂）、三重塔、九体阿弥陀如来像）
	昭和二十八（一九五三）年	文化財保護法による国宝指定（四天王像）

近代

昭和四十（一九六五）年	庭園、名勝及び史跡に指定
昭和四十二（一九六七）年	阿弥陀堂、三重塔、鐘楼、山門の修理・修復
昭和四十三（一九六八）年	修理が完了し供養の法要、佐伯快龍が遷化・佐伯快勝が晋山
昭和五十一（一九七六）年	吉祥天厨子絵を模写、厨子を復元
昭和五十二（一九七七）年	庭園調査、復元・整備事業
昭和五十三（一九七八）年	庭園が特別名勝に指定
昭和五十四（一九七九）年	大日如来灌頂堂の修理・修復
平成九（一九九七）年	開創九百五十年記念法要（九月八日・九日）
平成十四（二〇〇二）年	地蔵堂を建立し供養の法要
平成十八（二〇〇六）年	大日如来像の修理・修復
平成二十二（二〇一〇）年	防災設備を更新、三重塔の檜皮葺の葺き替え
平成二十八（二〇一六）年	佐伯快勝遷化、佐伯功勝晋山
平成三十（二〇一八）年	庭園調査、整備・復元事業完了（平成二十二年～）
令和五（二〇二三）年	九体阿弥陀如来修理・修復完了（平成三十年～）

著者
佐伯 功勝（さえきこうしょう）
昭和 36（1961）年生まれ。昭和 53（1978）年本山大和西大寺にて得度。昭和 58（1983）年佛教大学文学部仏教学科卒業。同年より浄瑠璃寺の寺務と地元福祉作業所の非常勤職員を約 10 年間兼職。昭和 62（1987）年西大寺にて四度加行成満。翌年伝宝潅頂入檀。平成 8（1996）年より浄瑠璃寺副住職。平成 28（2016）年より住職。現在に至る。

浄瑠璃寺の 365 日

2023 年 7 月 12 日　初版第一刷発行

著者　佐伯功勝
発行者　内山正之
発行所　株式会社西日本出版社
〒 564-0044　大阪府吹田市南金田 1-8-25-402
［営業・受注センター］
〒 564-0044　大阪府吹田市南金田 1-11-11-202
Tel 06-6338-3078　fax 06-6310-7057
郵便振替口座番号　00980-4-181121
http://www.jimotonohon.com/

編　集　松田きこ・森永桂子（株式会社ウエストプラン）
装　丁　平林亜紀（micro fish）
写　真　中 淳志・桑島省二
イラスト　松田しおり
印刷・製本　株式会社光邦

ISBN978-4-908443-86-2